新 版

生徒指導のフロンティア

伊藤良高
大津尚志
中谷　彪　編
永野典詞
冨田晴生

晃洋書房

はしがき

　生徒指導は、1人1人の児童生徒の人格を尊重し、個性の伸長を図りながら、社会的資質や行動力を高めるように指導、援助するものである。しかも、その指導活動においては、憲法や教育基本法の精神と教育科学の成果とに基づくとともに、時代の変化にも対応しながら、学校段階の児童生徒の成長と発達とに応じて進められることが求められている。

　しかしながら、「言うは易く、行うは難し」で、学校における生徒指導が児童生徒の問題行動等に対する対応にとどまる場合も少なくはなく、その本来の機能を発揮し得なかったり、所期の目的を達成し得なかったりする場合も多い。これは、1つには、生徒指導という教育指導本来の難しさ、2つには、学校教育における生徒指導についての理論と指導方法とについての研究の遅れ、3つには、適切なテキストがきわめて少ない、ということにもよる。

　こうした状況のなかで、私たちは共同討議を経て、2007年5月に『生徒指導のフロンティア』をフロンティア・シリーズの1冊として、世に問うてきた。幸いにも同書は好評を得て、毎年度、版を重ねてきた。しかし、アップデートな内容を要求される生徒指導の性質上、この時点で内容に再検討を加えることにした。改訂版に当たって私たちが留意したことは、以下の諸点である。

　1つは、2010年3月に文部科学省より『生徒指導提要』が出されたので、同書（文部科学省『生徒指導提要』教育図書、2010年11月）を「参考」にしたということである。「参考」と書いたのは、私たちは、同書の内容を踏まえるとともに、同書を批判的に止揚することを企図したということである。

　2つは、生徒指導の定義とかかわることであるが、生徒指導の対象を広く捉える必要があると企図したということである。詳細は本篇の論考の中で展開されることになるのでそれに譲るが、私たちは今回の改訂にあたって、生徒指導の守備範囲を小・中・高等学校のみならず、就学前教育である幼稚園（保育所・認定こども園を含む）段階をも含めて対象にしようと考えた。人間形成としての教育は生涯にわたるものであるが、本書では、幼児から生徒（一部は学生）までの指導を対象としたことである。

3つは、学校現場の多数の先生方を執筆陣に迎え、生徒指導の理論と実践的成果とを統合しようと試みたということである。学校現場で実際に生徒指導に当たられている（または、当たられていた）経験豊かな先生方の参加と討議のもとに章構成と項目設定とをし、その執筆に当たっては、執筆者自身の体験をも踏まえた指導方法とその成果とを随処に盛り込むように工夫した。この結果、本書が、フロンティアの名にふさわしい新鮮な視点を提示するとともに、学校における教育実践や家庭教育に役立つ一書となったのではないかと自負している。

　4つは、私たちの執筆姿勢は不変であるということである。すなわち、子どもの人格の完成を目指し、その持てる能力をできるかぎり最大限に、しかも調和的に伸長することを至上の目標とするということが、私たちの共通の基本姿勢である。この姿勢と精神とは、本書においても、またフロンティア・シリーズでも大切にしているところである。

　以上が、本書において私たちが立てた方針と努力の目標であるが、その意図がどこまで達成し得たかについては、必ずしも満足していない。言い足りない点や不備な点が多々あるのではないかという不安がある。後は、賢明なる読者諸氏の建設的な御批判ご意見を承って、より完全を期すべく努力を重ねていきたいと考える次第である。

　終わりに、厳しい出版事情のなかで、本書の出版を快諾された晃洋書房の上田芳樹会長、編集でお世話になった丸井清泰氏、校正でお手数をおかけした吉永恵利加氏、阪口幸祐氏、松原優氏に、心からお礼を申し上げたい。

2012年11月26日

編 者 一 同

目　　次

はしがき

第Ⅰ部　生徒指導の原理

第1章　生徒指導の意義と原則 …………………………… 3
　　はじめに　(3)
　　1　生活指導の意義　(3)
　　2　生徒指導の歴史　(5)
　　3　生活指導の諸原理　(10)
　　おわりに　(12)

第2章　生徒指導と市民性教育 …………………………… 14
　　はじめに　(14)
　　1　校則と生徒指導　(14)
　　2　地域社会と生徒指導　(16)
　　おわりに　(18)

第3章　学校における生徒指導の原則 …………………… 20
　　はじめに　(20)
　　1　小学校における生徒指導の原則　(20)
　　2　中学校における生徒指導の原則　(22)
　　3　高等学校における生徒指導の原則　(23)
　　4　幼稚園・保育所・認定こども園における幼児の指導の原則　(25)
　　おわりに　(26)

第4章　学校運営と生徒指導 …………………………… 29
　　はじめに　(29)
　　1　小学校・中学校・高等学校の運営と生徒指導　(29)
　　2　幼稚園・保育所・認定こども園の運営と乳幼児の援助・指導　(32)
　　おわりに　(35)

第Ⅱ部　生徒指導の方法

第5章　教育課程（カリキュラム）における生徒指導 ………… 39
　　はじめに　(39)
　　1　教科における生徒指導　(39)
　　2　道徳教育における生徒指導　(41)
　　3　総合的な学習の時間における生徒指導　(42)
　　4　特別活動における生徒指導　(43)
　　5　幼稚園教育・保育所保育における幼児の指導　(45)
　　おわりに　(46)

第6章　学校における生徒指導の在り方 …………………… 48
　　はじめに　(48)
　　1　学校における生徒指導の原則　(48)
　　2　学校における生徒指導の組織　(50)
　　3　学校における生徒指導の計画と評価　(52)
　　4　生徒指導のための教員研修　(53)
　　おわりに　(54)

第7章　生徒指導への対応 …………………………………… 56
　　はじめに　(56)
　　1　生徒指導と教育相談　(56)
　　2　生徒指導とカウンセラー　(58)
　　3　生徒指導と家庭・地域社会　(58)
　　4　生徒指導に関する法制度　(60)

第Ⅲ部　生徒指導の応用

第8章　生徒指導の諸問題 …………………………………………… 67

1　いじめする子の指導　　2　非行する子の指導
3　虐待されている子の指導　　4　家出する子の指導
5　いのちの教育・自殺の指導　　6　不登校の子の指導
7　授業中に私語をする子の指導　　8　ひきこもりする子の指導
9　キャリア教育・進路指導　　10　摂食障害のある子の指導
11　貧困（格差と生徒指導）の問題を抱える子の指導
12　無理解な保護者（いわゆる「モンスター・ペアレント」）の指導
13　小1プロブレムの指導　　14　中1ギャップの指導
15　クラス内の人間関係の指導　　16　下級生を脅す子の指導
17　規範意識や公衆道徳の欠如した子の指導
18　授業中に教員へ暴言を吐く子の指導　　19　児童生徒間のけんかの指導
20　他校生とのつながり・トラブルを抱える子の指導
21　先輩とのつながりからくる崩れを持つ子の指導
22　女生徒のボス化とグループ化の対応
23　部活動優先の生活（及びその弊害）の指導　　24　男女交際の指導
25　登下校の指導　　26　器物損壊・落書きの指導
27　保健室登校する子の指導
28　インターネット・メール関係の問題（いじめ、トラブル）の指導
29　一度指導を受けたことを繰り返す子の指導　　30　飲酒する子の指導
31　喫煙する子の指導　　32　薬物する子の指導　　33　服装・頭髪の指導
34　公序良俗に反する行動をとる子の指導　　35　性に関する問題の指導
36　授業妨害する子の指導　　37　遅刻・欠席する子の指導
38　対教師暴力をする子の指導　　39　自傷行為をする子の指導
40　性同一性障害のある子の指導
41　発達障害のある子の指導、障害についての無理解に対する指導
42　物を盗む子の指導　　43　AD/HD　　44　アスペルガー症候群
45　学習障害（LD）

付録　生徒指導関係略年表　　（*147*）
索　　引　（*165*）

第Ⅰ部
生徒指導の原理

第1章 生徒指導の意義と原則

はじめに

　生徒指導にしても、生活指導にしても、学校教育活動においては重要な領域であるが、多義的な用語であることは事実である。しかし、そこから問題や争論が生じる。とりわけ今日、公権力によって使用されるようになった生徒指導は、戦後の教育界で長らく使用されてきた生活指導の対抗用語として政策的イデオロギー的意味合いを込めて使用されてきたという経緯もある。

　本章では、2010年刊行の文部科学省（以下、文科省という）『生徒指導提要』（以下『提要』という）を批判的に踏まえながら、生徒指導の意義を整理し、学校教育活動における生徒指導の今日的展開の原則と課題とについて論じていくことにする。

1　生活指導の意義

　まず『提要』の「第1章　生徒指導の意義と原理」の冒頭の文章を引用しよう。

> 　「生徒指導とは、一人一人の児童生徒の人格を尊重し、個性の伸長を図りながら、社会的資質や行動力を高めることを目指して行われる教育活動のことです。すなわち、生徒指導は、すべての児童生徒のそれぞれの人格のよりよい発達を目指すとともに、学校生活がすべての児童生徒にとって有意義で興味深く、充実したものになることを目指しています。」[1]

　この生徒指導の定義は、文科省の伝統的な説明である。しかし、定義に執筆者の自己陶酔した価値観（希望や願望や夢）を込めてしまってよいのであろうか。例えば「社会的資質や行動力を高めることを目指して行われる教育活動」であ

るとか、「一人一人の児童生徒の人格を尊重し、個性の伸長を図」るというのは、何を根拠にして述べているのであろうか。また、「すべての児童生徒のそれぞれの人格のよりよい発達を目指すとともに、学校生活がすべての児童生徒にとって有意義で興味深く、充実したものになることを目指しています」とは、そういう事実と実態とが約束されているということであろうか。

こういう文章を読む時、かつて宗像誠也が、「教育行政とは、国民としての立場においてなされる人格完成のための活動を容易ならしめ、それを阻害する条件を除去し、これを一定の方向において助長することにより、国民全体の福祉を助長発展せしめようとする国家の活動である[2]」という定義を、「私にとってはほとんど不可解である」と批判されたことを思い出す。この定義は、教訓と事実認識とを混同していて、学問的には致命的な欠陥をもっているというのである[3]。小川太郎も、同旨のことを次のように書いている。

「教育現象をもれなく研究の対象としてとらえることができるようにするためには、『教育』の概念は、いわば『永遠』のあるいは普遍的な概念として規定されなければならないだろう。……『教育』を、研究者の立場や主張にもとづいて規定しようとすれば、その立場や主張に反する現象は、研究の対象でなくなってしまう。……例えば……『教育とは成長のことである』などと定義を下すと、成長をおしとどめた中世の教育は教育でなくなり、『教育』の研究の埒外におかれてしまう[4]。」

教育行政と教育の定義の違いはあれ、2人の指摘していることは同じである。この意味を理解しておくことは、教育の科学的研究にとって欠くことのできない前提であり、生徒指導の場合も同様である。

この点では、飯田芳郎の「生徒指導は、教育課程の展開についての指導（学習指導）に対する精神的な意味での条件を整備する活動である[5]」いう定義の方が、まだ適切である。筆者自身は、生徒指導とは、教育課程の展開において、児童・生徒の人格の形成に関わる意図的で価値志向的な指導である、と定義したい。

以下では、生徒指導の意義を明確にするために、教育や生活指導と関わって生徒指導の歴史を概観していくことにしよう。

2　生徒指導の歴史

1　教育における2つの側面

　もともと教育という概念のなかには、主として知識、技術、文化を教授していく側面（＝陶冶）と、主として人格を育てあげていく側面（＝訓育）とがあり、学校教育の活動のなかで、この2つの側面によって子どもの人間形成を図っていくことが教育の原則であると考えられていた。

　この考え方を最初に整理した教育学者が、ヘルバルト（J.F.Herbert, 1776-1841）であった。彼は、教育方法上、子どもに対する教師の働きかけを教材を媒介としてなされていくものと、教材という媒介のない直接的な働きかけとに整理し、人間の形成はこの2つの相互作用によって行われていくと考えた。そして彼は、後者を「管理」と「訓練」とに分けて、主として教師と子どもの学校における人間的な接触の過程と位置づけた。このように彼が学校（教育）における人間関係の重要さの意義を認め、教育方法上に位置づけたことは、その後の教育学の発展に大きな意味を持っていた。

2　戦前日本における訓育の展開

　日本において、主として人格を育てあげていく側面である訓育の歴史はどのように展開されてきたのであろうか。その経過を簡単にたどってみることにしよう。

　日本においては1872年に学制が頒布されて以降、政府主導によって公教育制度の整備が急がれ、全国的な規模で学校が設置されていった。やがて就学率も着実に上昇していったが、子どもたちが通う学校では、政府から強制される教育内容とそこで学ぶ子どもたちの実生活との間には、大きな乖離が存在していた。1880年の改正教育令でもっとも重要な教科として位置づけられた修身科においては忠君愛国の徳目が、教育勅語渙発後の修身科においては軍国主義的・超国家主義的教育観に基づいた徳目が、生活規範として子どもたちに叩き込まれた。

　教育の国家統制が厳しくなってきた時に、子どもたちに自分たちの生活を見つめさせ、そこから自らの「生き方」を学ばせようと考えた教師たちが考え出したのが生活綴り方教育であった。当時、国語科の綴り方は、国定教科書の及

ばない唯一の領域であった。教師たちは、この綴り方の時間に、子どもたちにありのままの生活を綴らせることによって、生活を見つめさせ、生活を意識させ、問題点を探らせ、その解決のための努力と工夫の方途を発見させるという指導を行った。それは、まさしく子どもたちの本物の「生き方」の指導であった。

　しかし、このような生活綴り方の教育方法と教育運動とは、当時の社会体制や教育体制に批判的、もしくは対立的な立場を取らざる得なくなったばかりか、その指導自体が不当なこととして文部当局から弾圧を受けるようになった。やがて戦時体制が進むにつれて、多数の生活綴り方教育運動の教師たちは教壇を追われたり投獄されたりした。かくして生活綴り方教育運動は、壊滅させられるという運命を辿った。

　戦前の日本の教育においては、子どもの実際の生活を教育の対象として考えさせていくという機会はきわめて稀で、その指導も制限されていた。

3　戦後日本における生徒指導の展開

　戦後日本の教育改革はアメリカの占領政策の一環として行われたが、アメリカの対日教育政策は日本の教育に「個人の価値と尊厳」（アメリカ教育使節団報告書）と「子どもは教育の中心」という新しい教育思想（＝いわゆる子ども中心主義教育思想）とをもたらした。これらの教育思想の影響は、教育課程の中にも現われた。

　1つは、1947年に、教科では行うことのできない子どもたちの自律的な活動を展開していく「自由研究」が、教科の一部として教育課程のなかに組み込まれたことである。この「自由研究」は、学校におけるサークル活動と学級会活動とを子どもたちの自主的な管理運営によって進展させていこうという意図をもって設定されたものであり、子どもたちの自由な活動によって人間の形成が図られることが期待された。しかし、当時の学校では、設備もなく、指導方針も未確立で、所期の意図は十分に実らないままに形式化されていった。

　2つは、1948年頃から導入されて全国的に紹介されていったガイダンス理論である。このガイダンス理論は、アメリカ的生活様式を反映して、個人指導（＝個別指導、個性指導）と実生活への適用とを目標とする考え方を強く持ち、方法としては技術論に力点があった。

　しかし、アメリカの風土で育てられたガイダンス理論が風土の異なる日本で

受け入れられるのには無理があった。個人指導の主張は、学級を単位に教育が行われていく日本においては集団指導の問題に対応することに困難であったし、実生活への適応の主張は、深刻な矛盾と問題とを抱えた日本においては社会体制への従順化論であると批判されるに至った。

　1950年には、文部当局は道徳教育の問題を持ち出して来た（1950年11月7日、天野貞祐文相の修身科復活・国民実践要領の必要を表明）。それは、従来のガイダンスを中心とした生活の指導では道徳性を育てていくことが困難であるという理由からであった。これ以降、道徳教育が主として生徒指導の機能を果すものとして論じられるようになった。

　このことは、その後の「教育課程の編成」における「道徳」の位置づけの変遷を見れば、明らかである。すなわち文部省が、それまでの「道徳教育は学校教育活動の全体を通じて行なう」方針から教科外教育を「補充し、深化し、統合し、また相互に交流するもの」へと方向転換したこと、1958年3月18日に小・中学校での道徳教育の時間の特設（特設道徳）の実施を通達したこと、次いで同年の学校教育法施行規則改正で「道徳、特別教育活動および学校行事等」と定め、1968年の同改正で「道徳並びに特別活動」とし、その後「道徳、特別活動並びに総合的な学習の時間」としたこと、等々である。

　しかし「特設道徳教育」は、徳目主義的・体制順応的な内容、上からの押し付け的な教授方法、子どもの生活との遊離等々の欠陥をはらんでいて、子どもたちの内に自主的・主体的に考える力を養うことや道徳力を育てることに失敗してきた。ここに、道徳教育のみならず、学校教育の救世主として表舞台に登場してきたのが生徒指導である。しかし、こうした背景を持つ生徒指導について論じる前に、当時、学校現場で一般に行われていた「生活指導」の動向に触れておきたい。

4　生活指導——教育作用の基本構造と関わって

　戦前の生活綴り方のしごとを戦後の教育実践の上に復活させていく契機を作り出したのは、『山びこ学校』[7]であった。やがて、生活綴り方のしごとが全国的な規模で復興されていくにつれて、生活綴り方は、子どもの真実の姿を知り、その願いや要求を知る上で重要な役割を果すことを超えて、子どもの生活認識を高め、学級における集団的話合い活動を通して考えさせ、解決させていくという指導にまで進められていった。「生活つづり方による生活指導が日本的形

態のガイダンス」であると述べたのは宮坂哲文であったが、国分一太郎も、当時のこうした生活綴り方の教育は「民主主義的な集団の形成、すなわち自我の確立と連帯感の形成とが同時に可能な仲間・集団作りの方法」として活用された、と述べている。

　教育実践と並行して、教育研究者たちも生活指導を教育作用の構造のなかで理論化する努力を試みつつあった。もっとも、教育作用の基本構造をどう捉えるかについては、相当の期間、幾つかの混乱と論争とがあったことは事実である。しかし、この混乱と論争とに一定の決着をつけて整理したのが、小川太郎であった。小川は、教育過程における教科指導と生活指導との領域の双方に、それぞれ陶冶と訓育の2つの機能があるが、「教科指導は陶冶の優越する過程であり、生活指導は訓育の優越する過程である」と提言したのであった。小川の提言の大きな意義は、次の点にあった。

　第1点は、教育過程は陶冶と訓育との統一過程であることを明示したことである。

　第2点は、陶冶に力点を置く指導過程を教科指導とし、訓育に力点を置く指導過程を生活指導とする、と整理したことである。

　第3点は、教科指導と生活指導とは相対的に区別される領域ではあるが、機能的には相互交流・相互に浸透し合う過程として捉えることが必要であると説いたことである。

　第4点は、その結果として、従来から存在していた混乱と誤り［すなわち、教科指導に対して「教科外指導＝生活指導」としたり、教科指導のなかにも人格形成（訓育）の機能があるところから、「教科のなかの生活指導」したりする混乱と誤り（生活指導の目的である訓育の矮小化と拡大化、教科指導の目的である陶冶の曖昧化）］とを克服し止揚したことである。

　第5点は、教科指導の目的である陶冶が自然、社会、人間に関する客観的な知識・技術を系統的に指導する過程であり、生活指導の目的である訓育が自治的・集団的な実践活動（学級活動、クラブ活動、児童会・生徒会活動、学校行事など）を基礎に子どもが一定の世界観、社会的態度、道徳性、美的・芸術的感覚など、総じて人格的資質を身につけていくことを指導する過程であると捉えるところから、教科指導における陶冶のしごと（知識・技術の科学的で系統的な編成と子どもの学習における習得など）と、生活指導における訓育のしごと（人格的資質とその形成など）とを、科学的研究の対象にしたということである。

第６点は、教師の教育活動における自主的・自発的・創造的な活動を重視し尊重することになったということである。とりわけ教師の生活指導における活気ある活動が、教育活動全体に生気と活力とを与えたことは特記されなければならないであろう。

5　生徒指導の登場

　さて日本において、生徒指導という用語が何時頃から使用されたか。その用語が、戦前に使用されたかについては定かではない。生徒指導という用語がはっきりと現われてくるのは、戦後の1949年に刊行された『中学校高等学校の生徒指導の手引』においてである。また、同年に公布された文部省設置法でも、「初等中等教育局の事務」として「生徒指導」が定められている（ちなみに、この規定で、生徒指導の対象が初等中等教育となる、と解する根拠になったと思われる。また本書で、生徒指導の範囲を幼稚園から高校までとしたのも、ここに１つの根拠がある）。

　生徒指導について文部省が定義したのは、1965年の『生徒指導の手引き』であろう。そこでは、生徒指導は「生徒がそれぞれのもつ素質、環境、生育歴、将来の進路などに即して、現在の生活に適応し、個性を伸長させていくとともに、将来社会の中で自己実現が図られるような資質、態度を育成していく指導である」と説明している。この説明から、生徒指導が教科指導と並ぶ教育活動として位置づけられていることがわかる。

　文部省の生徒指導の位置づけと説明は、その後の文書において、ほぼ継承されていく。その２、３の事例を示そう。例えば、1981年の『生徒指導の手引（改訂版）』では、生徒指導を「すべての生徒のそれぞれの人格のより良き発達を目指すとともに、学校生活が、生徒一人一人にとっても、また、学級や学年、更に学校全体といったさまざまな集団にとっても、有意義かつ興味深く、充実したものになるようにすることを目指すところにある」と言い、1988年の『生徒指導資料集第20集──生活体験や人間関係を豊かなものとする生徒指導──』では、「一人一人の生徒の個性の伸長を図りながら、同時に社会的な資質や能力・態度を育成し、さらに将来において社会的に自己実現が出来るような資質・態度を形成していくための指導・援助であり、個々の生徒の自己指導能力の育成を目指すものである」と言い、最新の2010年の『提要』については、冒頭で引用した通りである。

　以上のように見てくると、過去約50年間に及ぶ文科省の生徒指導の特色は、

生徒の個性の伸長を図りながら、現在と将来の社会に適応して自己実現を目指すというところにあると言える。生活指導と生徒指導との比較で言えば、前者が集団的人間の形成を大切にしてきたのに対して、後者は集団と切断された個々人の人間の形成に力点があり、前者が生徒たちに自分たちの生活の現実を見つめさせ、社会改造や社会改革までも視野に入れた生き方の指導に対して、後者は批判的視点を持たず、上手に現実の社会に適応していく生き方を推奨していること、言い換えれば、生徒指導は、体制順応の生き方、もしくは功利主義的利己主義的な生き方の指導であると言えよう。

3 生活指導の諸原理

1 生徒指導の原則

今日、生徒が学ぶ中学校・高等学校に限らず、児童が学ぶ小学校においても、生徒指導という言葉が用いられている。生徒指導という用語と領域とには、先に見られたような問題点が含まれている。しかし同時に、教育活動としての生徒指導の比重が、今日ますます重くなってきていることも否定できない事実である。

今、切に求められていることは、『提要』を止揚して、言葉の真の意味における生徒指導を実践していくということである。それを今少し具体的に表現するならば、日本国憲法の平和・民主・人権尊重的諸条項を踏まえながら、教育基本法の教育目的条項である第1条の「人格の完成」を目指して、すべての生徒たちの持っている諸能力を最大限かつ調和的に伸長していくための生徒指導を実践していくことを原則とすべきである、と言わなければならない。

この原則に立脚しながら、以下において、幾つかの項目についてその考え方の要点を論じていくことにしたい。

2 生徒指導と教育課程

生徒指導は、学校における教育活動の全体を通して行われるといわれるが、これは次のような意味である。すなわち生徒指導は、教育課程だけでは足りないところを補う役割をもつとともに、教育課程の展開を助けることにも貢献するものである。しかし、これとは逆に、教育課程の内容が生徒指導に直接、又は間接に貢献することも決して珍しくない。このように、教育課程と生徒指導

とは相互補完関係にあって、学校教育活動を構成していくということである。
　教師がこの両者の相互補完関係を理解しておくことは、それぞれの教育活動を一層効果的にするためにも大切なことである。
　また教師は、生徒指導の教育も、教育指導である限り、教育指導上の一般的な留意事項に注意しなければならないことは当然のことであるが、生徒指導の教育を行う場合、とりわけ留意しなければならないことは次のことである。すなわち、①児童・生徒をどう理解するか（児童生徒の理解の問題）、②人格の完成をどう認識しているか（教育目的としての理想的人間像の問題）、③個性をどう理解し、どう伸長するか（人格の完成へ向かう手段としての個性をどう把握するかの問題）、④社会的諸能力の内実をどう捉えるか（対自的諸能力と対他的諸能力の認識の問題）、⑤具体的にどのように指導を行っていくべきか（生徒指導の具体的展開の方法の問題）といった点である。
　ここでは、これらの諸点について詳細に論じる余裕はないが、子どもの「教育をつかさどる」（学校教育法第37条第11項）教師としては、一定の明確な見解と技術とを持っていることが不可欠の要件であろう。

3　学校における生徒指導の在り方
　各学校における生徒指導の在り方としては、次のような点に配慮していくことが望まれる。
　1つは、日常の教育活動の充実に努めることである。教職員全員が学校教育の目標を共通に理解するとともに、生徒の教育指導に取り組むことができる学校教育計画を樹立することである。同時に、日常の教育活動を絶えず見直し、創意と工夫と改善ができるように柔軟であることである。
　2つは、学校教育の全体を通して生徒理解を基盤とした生徒指導を実践していくことである。学校には、定期相談、生徒の活躍の場面、問題行動等の事実と指導内容とを、「個人の記録」として保存しておくべきである。学校の教職員が「個人の記録」を共有していると、緊急の際には適切な指導と対応策が取れるであろう。
　3つは、学校において組織的な生徒指導の体制を確立しておくことである。
　生徒の日頃の行動や態度等についての情報が教職員に共有され、管理職や生徒指導主任等のリーダーシップのもとに、組織的有機的に指導にあたる体制を整備しておくことである。指導上の問題が生じたときは、臨時の会議等を開い

て協議するなど、適切で迅速な対応を取ることである。

4つは、学校として、常に家庭・地域・関係機関と密接な協力と支援の関係を構築しておくことである。生徒の指導においては、何よりもまず保護者と信頼関係が確立されていることが重要である。学校としては保護者との連絡を密にし、必要な場合には、お互いに連携・協力し合えるようにしておきたい。

5つは、学校のみで適切な対応が困難なケースについては、学校は速やかに地域社会や関係諸機関と連絡を取り、支援と協力をお願いすることである。

昨今、学校の閉鎖的な姿勢と対応とが、却って問題の解決を困難にし、不幸な結果を招来しているケースが少なくない。学校側の方から積極的に家庭や地域や関係諸機関に支援と協力とを求めることも、勇気ある行動の1つである。

おわりに

生徒指導は、すべての生徒を対象とし、かつその教育の全過程を通じ行う教育活動である。それゆえに生徒指導は、学業指導、個人的適応指導、社会性・公民性指導、道徳性指導、進路指導、保健指導、安全指導、余暇指導などのすべてにわたって、可能な限り計画的かつ組織的に行う必要がある。

また個々の教師の指導の在り方としては、生徒の人権尊重を前提とし、生徒の発達段階と生活実態とに即して、生徒に主体的・自主的に最善の選択をするように支援することである。

[演習問題]
1．生徒指導と生活指導の関係について調べてみよう。
2．生徒指導と教科指導の関係を整理してみよう。
3．生徒指導と関わって「人格の完成」の中味を考えてみよう。

注
1) 文部科学省『生徒指導提要』2010年3月、1頁。
2) 吉富重夫・原竜之介『教育行政』1953年、16頁。
3) 宗像誠也『教育と教育政策』岩波新書、1961年、4-5頁。
4) 小川太郎『教育科学研究入門』明治図書、1965年、7頁。
5) 細谷俊夫ほか編『教育学大辞典』第4巻、第一法規、1978年、64頁。

6） 杉山明男「生活指導論」、小川太郎・高木太郎編著『教育の原理』六月社、1964年、135頁以下参照。
7） 無着成恭編、『山びこ学校』青銅社、1951年。
8） 宮坂哲文「戦後における集団指導の検討」、海後宗臣編『生活指導の歩み』小学館、1958年、注6より引用。
9） 国分一太郎「生活綴方的教育方法の成立と到達、今後の展望」、講座『生活綴方』第4巻、百合出版、1962年、注6より引用。
10） 小川太郎『教育科学研究入門』明治図書、1965年、106頁。同『教育と陶冶の理論』明治図書、1963年も参照。

参 考 文 献

天城勲他編『現代教育用語辞典』第一法規、1973年。
中谷彪『現代教育思想としての塩尻公明——人格主義の教育論——』大学教育出版、1999年。
中谷彪・浪本勝年編『現代教育用語辞典』北樹出版、2003年。

第2章 生徒指導と市民性教育

はじめに

　2010年に文部科学省により発行された『生徒指導提要』には、「生徒指導とは、一人一人の児童生徒の人格を尊重し、個性の伸長を図りながら、社会的資質や行動力を高めることを目指して行われる教育活動のことです。」と定義されている。ここで出てくる「社会的資質」「行動力」という言葉は従前の定義にはなかったものである。[1]

　『生徒指導提要』は「学校と家庭・地域・関係機関との連携」に最後の章をあてている。[2] そして、「生徒指導が……教育課程と一体となって児童生徒に働きかけ、生きる力を培い、社会へとつなげる」ことを強調し、「社会のなかで、その時々の状況を判断しながら、それらを適切に行使することによって、個人や社会の目的を達成していく包括的・総合的な能力。それを社会的なリテラシーと呼ぶとすれば、生徒指導の最終目的は社会的なリテラシーの育成にある」[3] と述べている。社会的なリテラシーの強調は従前にはなかった動向である。

　一方で、市民性教育、あるいはシティズンシップ（citizenship）教育という言葉が近年日本では使われるようになってきている。「シティズンシップ」という語には多義的な意味が存在するが、ここでは、「公共の場に参加する主体となるための資質・能力」という意味とする。そして、それをはぐくむための生徒指導に関して言及することとする。そのなかで、本章では下記の2点に注目して言及する。

1　校則と生徒指導

　学校という場所はある程度「公共の場」であり、共同生活に必要なルールを学校で決める必要は存在しうるであろう。例えば、学校の「駐輪場」に関する

ルールなどは、法律や教育委員会でなく、各学校で決めるほかはない。日本では学校のルールは「校則」と呼ばれることが多い（他にも、「〇〇学校のきまり」「生徒心得」などの名称は存在するが）。

学校が校則を定めなければならないという法令上の根拠は存在しない。判例は「中学校長は、教育の実現のため、生徒を規律する校則を定める包括的な権能を有するが、教育は人格の完成をめざす（教育基本法第1条）ものであるから、右校則の中には、教科の学習に関するものだけでなく、生徒の服装等いわば生徒のしつけに関するものも含まれる。もっとも、中学校長の有する右権能は無制限なものではありえず、中学校における教育に関連し、かつ、その内容が社会通念に照らして合理的と認められる範囲においてのみ是認されるものである」（熊本地裁、昭和60年11月13日）として制限付きではあるが、校長に校則の制定権を認めている。

どこまでが「公共の場」に必要なルールであり、どこからは「個人の自由に任せられるべきこと」なのかという問題は存在する。1988年から1990年代にかけて、文部省は「校則の見直し」を指示している。そして、実際にかなりの「見直し」が行われている。

校則は生徒にとって自分自身の問題でもある、例えば「セーターを着用してよい時期」についての校則の見直しを行うこと、生徒自身が学校という公共の場のルールづくりに参加することは、将来主権者として民主主義の一翼をにかなうトレーニングの場としても、自尊感情の育成にとっても有益であろう。

なお、法律で許されている行為（例えば、バイクは16歳、自動車は18歳で免許取得ができる）を校則で規制できるかという問題が存在する。判例は公立高校でのバイク禁止を是認しているが（高知地裁、昭和63年6月6日）、自主的判断に基づき、独自の教育方針を求めて入学した私立学校ならともかく、公立学校でこのような結論をだすことは妥当とはいえないであろう。

高校の場合は校則違反が懲戒処分とかかわることがある。2010年2月1日に文部科学省は「高等学校における生徒への懲戒の適切な運用の徹底について（通知）」を出し、懲戒処分あるいは事実上の懲戒を行う場合の基準の設定やその生徒や保護者への周知を求めている。文部科学省の調査結果でも、周知が行われている状況は充分とはいえず、生徒手帳に記載するという方法で生徒に知らせている学校はわずかであることがうかがえる。懲戒の基準やその場合の手続きの規定を公開することは、罪刑法定主義という観念を身につけさせるために

も望ましいと考えられる。

　アメリカ合衆国では多くの学校で、懲戒および手続き規定を明文化し、生徒にハンドブックを配布している。近年、生徒指導においてアメリカの「ゼロ・トレランス」の考え方がとりあげられることが多いが、アメリカにおいては背景として、薬物や凶器の持ち込みに厳罰規定がおかれるなど、きわめて詳細な規定を明文化して生徒や保護者に配布していることを見逃してはならないであろう。[6]

　なお、フランスの中学・高校ではクラスで選出された代表も参加する「学校管理委員会」により校則が制定される。クラス代表の選挙、学校管理委員会、校則がそれぞれ共和国における選挙、国会、法律に対比される。学校自体が「教育共同体」と位置づけられ、民主主義の習得の場とされていることは、１つの参考になるであろう。[7]

2　地域社会と生徒指導

　地域社会という公共の場における活動に参加することが、市民性の育成につながることはいうまでもない。学校と地域社会の連携が強調されるになって久しいが、学校を通して学校の外とつながる活動（例えば、学習指導要領の特別活動の「勤労生産・奉仕的行事」のなかに「ボランティア活動」が登場する）が行われている。

　2008年より「学校支援地域本部事業」がはじまり、学校教員の業務過多のなかで地域のほうから学校を支援しようという試みに予算がつけられている。

　さらに、2012年度からは「学校・家庭・地域の連携による教育支援活動促進事業」として、「学校支援地域本部」のみならず、「放課後子ども教室」「家庭教育支援」「地域ぐるみの学校安全体制の整備」「スクールヘルスリーダー派遣」などの教育支援に予算補助がつけられている。地域の教育力の向上をはかろうとしていることはつづけられている。

　そしてさまざまな子ども支援の活動が行われている。例えば、学校支援ボランティアとの学習、地域フェスティバル、地域内の他の学校との交流、ゲストティーチャーによる地域や職業についての学習などといったことが、児童生徒の社会的リテラシーの向上に役立つことは想像に難くない。[8]

　地域はその人口規模、年齢構成、自然・社会環境、地域のつながりの強さなど、千差万別であり、それぞれの地域にあった対応が求められよう。『生徒指

導提要』においても「地域社会の多様性」が強調されている。そして、「地域社会の変化」として、都市化、産業化、情報化、核家族化・少子化を挙げている。しかし、これらには注意をしなければならないところもある。

「都市化」についてであるが、「地域行事の復活や創生」「近所付き合いの形成」といわれているが、「昔に戻ることは不可能」と考えざるをえない地域は多いであろう。

「核家族化」の進展は、政府の他の文書でも所与の前提のようにとりあげられていることが多いが、表2-1が示すように核家族の比率はむしろ減少傾向にある。ただし、単独世帯の増加という実態もあり、「子どものいる世帯」といっても成人後の子どもが親と同居しているという世帯をも含むことなどにも注意しなければならない。いずれにせよ、核家族化が近年進行しているという結論をだすことはできないであろう。[9]

「少子化」についてであるが、子どもの数が減少しているのは明らかである。それを「きょうだいの数」の減少と受け取ってよいであろうか。ここ30年ほどの間の「完結出生児数」（結婚継続期間15～19年の、出生した子どもの数）の平均は表2-2の通りであり、家庭のきょうだいの数はここ20年のあいだには、そう大きな減少を示していない。少子化により「地域の子どもの数が減少」というのも、2010年の時点で10歳の人口は117.5万人、20歳の人口は121.9万人である。一年単位でみれば、1％以下の減少率にすぎない。

「核家族化・少子化の進行は、地域のつながりの希薄化や地域行事の衰退を

表2-1　一般世帯のうち、核家族世帯で子どものいる世帯の比率[10]

	1990年	2000年	2010年
夫婦と子ども	12,471世帯　41.2%	15,172世帯　37.3%	14,919世帯　31.9%
男親と子ども	253世帯　0.8%	425世帯　1.0%	545世帯　1.2%
女親と子ども	1,491世帯　4.9%	2,328世帯　5.7%	3,032世帯　6.5%
合　計	14,215世帯　46.9%	17,925世帯　44.0%	18,496世帯　39.6%

表2-2　完結出生児数の推移[11]

調査年数	1977	1982	1987	1992	1997	2002	2005	2010
完結出生児数	2.20	2.13	2.19	2.21	2.21	2.23	2.09	1.96

生み[12]」という認識は上記に述べたことからしても妥当とはいえない。子どもをとりまく環境の変化のほうがはるかに大きな問題である。家庭や地域社会の「社会化」機能が弱まっているというなかで「『人とのかかわりかた』が弱くなった[13]」ということは存在するであろう。学校の外でほとんどコミュニケーションをとらずにも生きていけるということがという現状があること、子どもにとって年齢や職業が異なる「異質な他者[14]」とコミュニケーションをとる機会が少ないがために、その能力が低下していることは問題としなければならない。

なお、イギリスのシティズンシップ教育は地方コミュニティへの参加に重点をおいている。活動的市民(active citizen)となることを目標とし、コミュニティになんらかの変化をもたらす(change things)[15]こと、を強調しているといえる。既存の社会の一員となるだけにとどまらず、場合によっては共同体を変えること、共同体の問題解決にたずさわることにつなげることも有益と考えられよう。

おわりに

ここまで述べてきたように、生徒指導の目標に社会の一員としてのリテラシーの育成が強調されている。一方で子どもの「社会力」が低下していることは、かなり前から指摘されている[16]。学校教育を通して、「公共の場」である社会や他者とかかわる力をつけることができないままに学校を離れている若者が多いことは想像に難くない。社会や他者とかかわる能力を身につけることなしには、自立して生きていくことは困難となりかねない。そういう現実をふまえた上での生徒指導が必要なことはいうまでもないであろう。

演習問題
1. 自分の出身校（中学・高校）の校則について考えてみよう。
2. 自分の学校支援本部の地域コーディネーターになったとして、出身校（小学校・中学・高校）に対してどのようなことができるか、話し合ってみよう。
3. 子どもの「社会力」の低下の原因について考えてみよう。

注
1) 文部省教務研究会編集『詳解 生徒指導必携』（ぎょうせい、1991年、1頁）では、

「生徒指導とは、すべての生徒のそれぞれの人格のよりよき発達と学校生活の充実を目指して行われる教育活動をさす」と述べられていた。
2） 文部科学省『生徒指導提要』教育図書、2010年、208-225頁。
3） 前掲書、225頁。
4） 詳しくは、児山正史「校則見直しに対する文部省・教育委員会の影響（1）」『人文社会論叢　社会科学編』（弘前大学）第7号、2002年、65頁以下参照。
5） http://www.mext.go.jp/a_menu/shotou/seitoshidou/04121502/1309914.htm（最終確認、2012年10月19日）。
6） 参照、大津尚志「アメリカ合衆国における生徒規則」『季刊教育法』第135号、2002年、84-89頁。
7） 参照、大津尚志「フランスの憲法教育と生徒参加」『民主主義教育21』2013年刊行予定。
8） さまざまな例を示すものとして、『学校支援地域本部事業　学校支援地域本部実践事例 Navi』ジアース教育新社、2009年。
9） なお参照、広井多鶴子「『問題』としての核家族」『実践女子大学人間社会学部紀要』第3巻、2007年、79-97頁。
10） 国立社会保障・人口問題研究所『人口統計資料集（2012）』に基づき作成。
11） 国立社会保障・人口問題研究所「結婚と出産に関する全国調査」に基づき作成。http://www.ipss.go.jp/ps-doukou/j/doukou14/doukou14.pdf（2012年9月27日最終確認）。
12） 文部科学省、前掲書、209頁。
13） 前掲書。
14） 参照、藤原和博『校長先生になろう！』日経BP社、2007年。
15） 一例としては、J. Hill et al., *PSHE & Citizenship for KS4*, Evans, 2003, p.194.
16） 門脇厚司『子どもの社会力』岩波新書、1999年。

参 考 文 献
安藤博『なぜ、いままでの生徒指導がうまくいかなかったのか』学事出版、2012年。
柿沼昌芳・永野恒雄編『「生徒指導提要」一問一答』同時代社、2012年。
高橋興『学校支援地域本部をつくる』ぎょうせい、2011年。
長沼豊・大久保正弘編『社会を変える教育　citizenship education』キーステージ21、2012年。

第3章　学校における生徒指導の原則

はじめに

　学校における生徒指導においては、「子どもの『権利保障』・『権利の実現』」から、「子どもの最善の利益」を目指すということを理解しておく必要がある。
　『生徒指導提要』（文部科学省、2010年）によると、生徒指導は、1人1人の児童生徒の健全な成長を促し、児童生徒自らが現在及び将来における自己実現を図っていくための自己指導能力の育成を目指すものとされている。すなわち、児童生徒が将来、自立した社会生活を営むことができるように学校において、適切な指導、支援をしていくことが重要となる。また、その前提として、児童生徒を、尊厳ある1人の人間として人権を尊重した指導、支援を行うことは言うまでもない。また同時に、児童生徒の成長と発達を踏まえ、その成長、発達段階に応じた適切な指導、支援が求められる。すなわち、学校教育現場においては、複数あるいは、集団への指導、支援が多くなるが、先述したように、1人1人の発達段階を理解し個別的な指導、支援を心がける必要があることを理解しておかねばなるまい。
　さらに、生徒児童の各教育課程における学習指導と生徒指導の関係についても留意すること、かつ、児童生徒を共感的に理解するためにも、児童生徒が生活する地域社会や家庭環境についても把握しておく必要がある。
　そこで、以下では幼稚園・保育所・認定こども園等保育施設、小学校、中学校、高校の生徒指導の原則について、幼児、児童、生徒の発達段階に留意し、教育的、福祉的視点を取り入れながら論を進めることとする。

1　小学校における生徒指導の原則

　小学校においては、まず、幼稚園・保育所での生活体験や遊びなど無意識な

行動から学習効果を得るという時期から、課題に対して意識的に取り組み、その結果、自覚的に学習するといった新たな学習の場に移行していく。また、小学校では、責任を持った行動、仕事や学習を適切にこなし、秩序ある生活を送ることが重要となる。低学年では、保育施設との連携を図り、また、高学年では、中学校との連携を図りながら、児童の基本的生活習慣の確立と規範意識の醸成に努めることが重要となる。さらに、近年では、発達障害についても留意する必要がある。文部科学省「通常の学級に在籍する特別な支援を必要とする児童生徒に関する全国実態調査」(2002年)では、小中学校の普通の学級にLD(学習障害)、ADHD(注意欠陥多動性障害)、アスペルガー症候群などの発達障害のある児童生徒が一定数存在すると報告している。この点について、生徒指導の際は障害の特性を理解した上での対応が求められる。

そこで、小学校の生徒指導、支援に際して以下の点について留意する必要がある。

第1に、自己理解を促す指導、支援である。小学校では、同年代他者との比較が可能となり、他者とのかかわりの中から肯定、否定の両面を統合し、社会的規範や基準を取り入れ、「好き嫌い」という個人的な基準と、「良い悪い」という社会規範を反映した評価基準が確立される時期でもある。

つまり、社会規範の醸成、道徳心の芽生えなど、社会において自立した1人の人間として生きていく力を身につける大切な時期であることから、親や教師の規範意識、道徳心などが児童に影響を及ぼす点に留意する必要がある。また、小学校での生徒指導では、個人差や個人の発達状況を考慮し、児童の問題行動が自己理解の未熟さなのか、児童の置かれた環境によって引き起こされるものなのか、あるいは、何らかの障害があるための行為であるのかを、判断し理解する必要がある。自己理解が未熟な場合は、自己理解の発達を促す活動を増やし教育的な指導を行うことが有効であり、環境の場合は、児童の環境に目を向け、地域社会や家庭環境の改善に向けた支援が必要となろう。また、障害によるものであるならば、教師だけでなく、家庭、医療・福祉関連機関との協働による指導、支援が重要となる。小学校では、教育的指導という側面よりも、教師には児童を支える存在として、児童を共感的に理解し、個別性を理解した上での支援が求められる。

第2に、居場所の確保と自我同一性の確立への指導である。すなわち、児童が安心して学校生活を送ることができる環境づくりと、同時に児童が自分の存

在意義を見いだせるような取り組みが重要である。そのためには、児童が学級において自分の存在を肯定的に捉え、帰属意識を醸成するための学級運営が必要である。その結果、児童は自分の居場所を見いだし、仲間との良好な関係性を構築していくことが可能となることで自我同一性の確立にもつながる。1人1人の児童がかけがえのない存在であり、なおかつ、活躍できる場所があること、誰もが学級にとって大切な存在であるという意識を育んで行く生徒指導が重要である。

第3に、有能感と自尊感情を育てる生徒指導である。児童には個人差があっても、学習によって確実に成長している。生徒指導に当たっては、個別性を意識し児童1人1人の成長に目を向けることが重要となる。児童が自分の成長を実感し、自信をもって生活できるような支援が求められる。その結果、自分は大切な存在であり、人の役に立つ人間であることを認識し、今後の生活について見通しを持って努力していくことが可能となる。すなわち、児童期は親や教師、あるいは友人など、他者からの評価によって自信を持ったり、劣等感を持ったりする。有能感を持ち、自尊感情を高めるためには、小さな成長も評価し児童をほめることも重要となる。

2 中学校における生徒指導の原則

生徒指導提要にもあるように、小学校から中学校への移行期は、非行、校内暴力、いじめ、不登校など学校における問題行動の発生率が著しく増加する。また、学習面での遅れが目立つ生徒が増加する時期でもある。さらに、文部科学省の「新・児童生徒の問題行動対策重点プログラム（中間まとめ）」（2005年9月）では、生徒指導体制を強化し、児童生徒の規範意識の向上及び子ども達の安全な学習環境の確保の観点から、学校内規律の維持の重要性が指摘されている。ただし、中学校では思春期特有の不安定感、人間関係の複雑化などを理解したうえで以下の点に留意し生徒指導にあたる必要がある。

第1に、積極的な生徒指導である。非行やいじめなどの問題行動への事前、事後対応といった消極的な生徒指導だけでなく、問題行動を抑制・予防のために積極的な生徒指導を推進することが必要である。その一つが、生徒指導において、福祉的な視点を取り入れ、問題や課題を抱える生徒に対し、個別的な対応や環境への働きかけとして、ソーシャルワーク技法を生徒指導に援用するこ

とも有益であろう。反社会的行為や刑法に違反するような行為の場合は、毅然とした態度で、懲罰的な意味合いの指導も必要となろう。だが、まずは生徒の個別性を理解し、問題行動の背景から生徒の置かれた環境を改善するなど、エコロジカルな視点を持つことも必要であろう。また、教員と生徒が信頼関係を構築することで、互いの共感的理解のもと、自己決定の場を提供することで、やる気を引き出し、自己指導能力を図ることも重要である。学校における生徒指導だけで生徒の問題や課題が解決するとは考えにくい。地域社会（地域、家庭など）や関連機関（福祉、医療、行政、警察など）と連携を取りながら生徒指導にあたることも求められる。[8]

　第2に、生徒の発達的な変化や思春期の心理を意識した指導である。中学校では、部活動、先輩後輩など人間関係も多様化したり、心の悩みや不安、ストレスを抱えたりする時期でもある。また、思春期でもあることから、心身や自己評価に対する不安定感から社会に対する猜疑心が出現し、生徒指導や校則などに対する疑問や反発など、自分の考えと学校や社会との考えにギャップも生まれてくる。このような時期には、高圧的に規則に従わせたり、強制的な指導をしたりするよりも、生徒が安心して遠慮や気兼ねなく、自分の意見が表明できる環境を作り、生徒の心の変化を適切に捉え対応することが必要である。

　第3に、家庭との連携による生徒指導である。家庭の教育力の低下が指摘されて久しい。だからといって、家庭だけに責任を押しつけるのではなく、学校と家庭が協働して指導に取り組むことが重要である。そのためには、学校（教師）が家庭（保護者など）と信頼関係を構築し、相互に共通した理解の下、指導、支援にあたることが求められる。生徒の問題行動や学習面での課題は、生徒本人だけではなく、その背景となる家庭、地域に潜む何らかの問題、課題も要因となり得る。この点に留意し、生徒だけに着目した指導ではなく、その背景にも目を向け、家庭支援を含めた取り組みが重要となる。

3　高等学校における生徒指導の原則

　今日の高校では、不登校、暴力行為、薬物乱用、高校中退など、多くの問題が発生しやすい時期である。高校中退を例に挙げると、それらの対応として、文部科学省の文書や報告書などでは、「毅然とした対応」、「規律の維持」、「ゼロ・トレランスの導入」の必要性など、生徒指導では厳格、厳罰化の傾向と同[9]

時に子どもの発達に応じた指導の必要性も論じられ、状況に適切に対応することが重要であることが指摘できる[10]。そこで、以下では高校における生徒指導の原則について示したい。

第1に、指導よりもまずはきめ細やかな内面的な支援を、というスタンスである。生徒の内面、背景を理解し、受容的、共感的に指導することも必要である。生徒の問題行動の背景はさまざまであるが、高校生の特徴としては、家庭環境の複雑化、学力不足による学習意欲の低下、学校内における人間関係の悪化および希薄化などが挙げられる。すなわち、生徒の問題行動の背景を理解することで、生徒指導のアプローチの方法も多様化し、生徒のみに焦点をあてた指導では、問題行動の改善には至りにくいことも推測できる。つまり、生徒の内面的な部分への受容と共感を示し、1人の人間として受け止め、認める姿勢を示すことが必要である。さらに、指導的要素を前面に出すよりも、まずは、生徒の思い（話）を傾聴することを心がけるなど、カウンセリング技法やソーシャルワーク技法を用いた支援が有効となる場合も多い。

高校では、問題行動の如何（暴力行為や故意の器物破損など）によっては、毅然とした対応が必要な場合もあろう。しかしながら、日頃から生徒とコミュニケーションを図り良好な関係性を構築することが、生徒の問題行動を抑制することにもつながる。生徒の問題行動の背景にはそれなりの理由があり、環境の影響も否定できないことを教師は理解しておく必要がある。実際、高圧的、権威的な生徒指導を行ったとしても、生徒の問題行動を改善することは困難であるとする事例も多い。生徒の内面、背景を理解し、受容的、共感的に指導することは重要な視点である。

第2に、学校自治への生徒当事者の参画と情報の共有化である。校則であれ、問題行動への対応であれ、その指導体系の過程（プロセス）に生徒自身が関わりを持つことで、当事者意識が高まることが期待できる。すなわち、教師と生徒自らが参画した指導基準およびプロセスであれば、生徒自身も納得できる可能性も高い。一方的に押しつけられた生徒指導ではなく、当事者として学校自治に参画することで、生徒の自己指導能力の育成にもつながることが期待できる。また、高校生の時期には、自我同一性（identity：アイデンティティ）の確立が発達課題となる。例えば、「自分は、いったい何者なのか」と悩んだり、「自分の存在意義」を見失ったり、といった自己に混乱を来しやすい時期でもある。家庭や学校、仲間など良好な人間関係を通して、1人の人間として認め、当事

者として学校に関わることで自己同一性の確立を目指すことも必要であろう。

また、生徒の情報は問題行動だけでなく、その背景となる家庭環境、生育環境、地域社会の環境など教師と教師、教師と生徒、教師と家庭が共有しておくことも必要である。そのためには、日頃から関係者が情報を交換できるような関係性を構築し、統一した指導方針の下、指導にあたることが重要である。

4　幼稚園・保育所・認定こども園における幼児の指導の原則

幼稚園・保育所・認定こども園等保育施設（以下、保育施設と略）など幼児教育の現場は、将来の人間形成に重要な意味を持ち、そこで、受ける教育や人間関係のあり方が幼児の成長を左右するといっても過言ではない。[11]このような前提にたち、以下では保育施設における幼児期の指導の原則について述べる。

第1に、幼児が楽しさ、喜びを実感できる指導である。幼児期は、楽しいこと、喜び、すなわち、快の感情に支えられた活動が求められる。その結果として、学習効果が得られ、成長が促進される時期であるということを念頭に置く必要がある。つまり、幼児の指導に際しては、叱るよりもほめること、より楽しいと感じるような接し方を心がけ、幼児自身の学ぶ意欲を育むことが重要となる。また、その際には、保育者（保育士や幼稚園教諭など）の言葉がけが幼児の意欲に影響を与える。先述したように、幼児の快の感情を引き出し、楽しいと感じられるような言葉がけが重要となる。つまり、幼児の指導においては、言葉がけにおいて、指示命令や否定的な言葉ではなく、共感し応援していることを伝えることが求められるのである。このように、幼児期の心理的な発達特性を理解し、幼児の心に着目した指導を心がける必要があろう。

第2に、適切な物的・人的環境の構築である。幼児は周りの環境に影響を受けながら成長していく。それは、良質な場所、適切な人との関わりがあり、双方の環境が適切に構成されることで健全な発達が保障されると考えられる。まず、良質な場所とは、安全で快適な自然と調和した空間が必要である。土と戯れ、時には軽微な怪我（擦り傷など）をすることがあっても、それは、幼児の成長へとつながっている。そのような、幼児にとって安全で快適な場所で、こんどは、同年代の仲間や保育者の存在が重要となってくるのである。これが適切な人との関わりであり、幼児たちは良質な場所で日中の多くの時間を同年代の子どもや保育者と共有し、その保育施設の特定の友達、あるいは保育者という

意識が芽生える。そこでは、気が合う子、一緒に遊んで楽しい子と友達になっていくし、信頼できる保育者の存在を確認する[12]。そのような人間関係の相互作用の中で、トラブルが発生したり、心が傷ついたりすることもあろう。家庭から離れて同年代の幼児と日々一緒に過ごす初めての集団生活である保育施設においては、教師や他の幼児たちと生活を共にしながら感動を共有し、イメージを伝え合うなど互いに影響を及ぼし合い、興味や関心の幅を広げ、言葉を獲得し、表現する喜びを味わう[13]。それにより、他者との関わり方や自己制御、感情をコントロールすることの大切さを学ぶこととなる。そのような時に、適切に幼児の指導や支援にあたる保育者の存在がクローズアップされてくるのである。

指導の実際においては、幼児の個別性や特性を理解し、指導、支援を行うことが必要である。幼児の不適切な行動があった場合など、ただ叱るのではなく、幼児の心に寄り添った暖かい言葉、行為の背景に目を向けることも大切である。幼児期の問題行動は、幼児自身の問題というよりも、その背景に課題や問題が存在することが多いことも理解しておく必要があろう。

おわりに

保育施設から小学校、中学校、高校と子どもの成長に合わせた学校における生徒指導の原則として、踏まえておかなければならないことがある。それは、まず子どもの心身の発育・発達過程の特徴と個別性の理解、それと子どもの権利を擁護する、といった視点である。幼児期の保育施設では、指導よりもまずは、子どもが育つ環境を整え、人間の基礎を築く時期であることを踏まえた、愛情を持った関わりが重要であろう。また、小学校では、基本的生活習慣の習得を基盤とした指導支援が必要となろう。さらに、中学、高校では、年齢が高くなるにしたがい、生徒児童の問題行動は反社会的な様相を呈してくることも多い。そのような場合は、問題行動の抑止力として「規則の厳罰化」、「毅然とした対応」も当然、必要となってくるのであろうが、ただ一方的に押しつけられた指導では問題の本質を見逃してしまうということも考えておく必要がある。生徒指導の最大の目的は「子どもの最善の利益」であり、自立した社会人へと成長していくことへの手立てであることを忘れてはなるまい。

> 演習問題

1．幼稚園・保育所・認定こども園等保育施設、小学校、中学校、高校における幼児、児童、生徒の問題行動を整理してみよう。
2．児童生徒の問題行動の背景を整理してみよう。
3．自分自身（あなた）が当事者であるならば、どのような生徒指導が求められると考えるか整理してみよう。

注
1） 文部科学省『生徒指導提要』2010年3月。
2） 国立教育政策研究所指導研究センター「『生徒指導体制の在り方についての調査研究』報告書——規範意識の醸成を目指して——」2006年5月。
3） 注1）に同じ。
4） 愛知県生徒指導推進協議会「小学校生徒指導の手引き——問題行動の未然防止に向けて」2012年、2頁。
5） 注1）に同じ。
6） 注2）に同じ。
7） エコロジカルな視点とは、生態学的アプローチとして、人と環境との一体的（調和的）な関係であること、つまり、人間の生活は社会環境の相互作用によって成り立つといった視点をいう。
8） 奈良県小中学校生徒指導ガイドライン（http://www.pref.nara.jp/dd_aspx_menuid-20256.htm）。
9） ゼロ・トレランスとは、1990年代にアメリカで始まった生徒指導の1つ。寛容的でなく、罰則規定を細部まで生徒や保護者に示し、規則を破った生徒に対しては、毅然たる態度で対応する生徒指導。
10） 田代高章・八重樫一矢「高校生徒指導の現状と課題」『岩手大学教育学部付属教育実践総合センター研究紀要』（8）、2009年、17-36頁。
11） 阿部耕也「幼児教育における相互行為の分析視点——社会化の再検討に向けて——」『日本教育社会学会　教育社会学研究88集』2011年、103-118頁。
12） 注1）に同じ。
13） 文部科学省「幼稚園教育要領」2008年7月。

参 考 文 献
伊藤良高・永野典詞・中谷彪編『保育ソーシャルワークのフロンティア』晃洋書房、2011年。

伊藤良高・永野典詞・大津尚志・中谷彪編『子ども・若者政策のフロンティア』晃洋書房、2012年。
岩城孝次・森嶋昭伸編『生徒指導の新展開』ミネルヴァ書房、2008年。

> 第4章　学校運営と生徒指導

はじめに

　近年、学校現場では、いじめ・不登校等の生徒指導上の諸問題への対応や、特別支援教育の充実、外国人児童生徒への対応、ICT（Information and Communication Technology：情報通信技術）の活用をはじめとするさまざまな課題が指摘されている。それらの解決に向けて、幼児教育・学校教育においては、地方の自主性や自立性を尊重し、適切な役割分担を踏まえつつ、教育委員会の機能を強化するとともに、いわゆる「学びの共同体」としての学校の組織運営体制を確立することの大切さが唱えられている。

　本章では、生徒指導の観点から、学校運営（または学校経営）の理念と現状、課題について考察することにしたい。具体的には、幼稚園、保育所、認定こども園も視野に入れつつ、学校運営と生徒指導の関係はどうあるべきか、子ども・若者の健やかな育成をめざして生徒指導の効果があがる学校運営とはいかなるものであるかについて論じていきたい。

1　小学校・中学校・高等学校の運営と生徒指導

1　現代学校経営改革の論点と動向

　「少なくとも学校は変わらなければならない。現在の学校経営が、「上」（教育委員会）に対して行政依存、「外」（保護者・地域住民）に対して閉鎖的で、「内」においては学年・教科セクト主義による慣行重視となり、「事なかれ主義」の中で学校病理への対処療法的な対応に終始しているとすれば、これまでの学校の在り方や運営を自覚的に見直さなければならない。そして、新しい学校経営のための方法を身につけなければならない」[1]。学校経営研究者の篠原清昭はこのように述べ、学校改善のためのスキルの考え方とその実践手法モデルを内容

とする新しい学校経営としての「スクールマネジメント論」を展開している。それは、学校経営に近年企業や自治体で導入されている組織マネジメントの方法論を適用し、与えられた自主性・自律性のなかで主体的な学校づくりを構想しようとするものであるが、学校が主体的・自律的に経営のビジョンと戦略に基づいて、組織的・合理的・機動的な学校経営を志向する点に特徴がある。[2]

　こうした議論に見られるように、学校現場にあっては1990年代末から、「戦後第3の学校経営改革」と称されるほど、学校経営改革が進められている。それは、「地方分権」「地方主権」「規制緩和」をキーワードとする「学校の自主性・自律性の確立」が課題とされている。具体的には、学校の権限拡大や校長の権限拡大・強化、説明責任や学校評価に基づく学校の経営責任の明確化、学校評議員制度の導入による参加型学校経営などである。その直接的契機となったものは、1998年9月に出された文部省・中央教育審議会答申「今後の地方教育行政の在り方について」であるが、同答申は、「学校運営は、校長を中心としてすべての教職員がその職務と責任を十分に自覚し、一致協力して行われることが必要である」、「学校は、個性や特色ある教育活動を展開するとともに、今まで以上に家庭や地域社会と連携協力し、地域に開かれた学校運営を推進することが求められている」と述べ、校務分掌や各種の会議、委員会など校内組織及びその運営のあり方についての見直しを求めたのである。最近においても、文部科学省「教育振興基本計画」（2008年7月）、中央教育審議会・教員の資質能力向上特別部会「教職生活の全体を通じた教員の資質能力の総合的な向上方策について（審議経過報告）」（2011年1月。2012年8月答申）において、学校の組織運営体制の確立や管理職の資質能力の向上などが課題として提示されている。そこでは、副校長・主幹教諭等の新しい職の設置等による学校の組織運営の改善や学校評価の推進とその結果に基づく学校運営の改善、校長のリーダーシップとマネジメント能力の向上、さらには、家庭・地域と一体となった学校の活性化などが提起され、具体的な施策として展開されつつある。

2　生徒指導の効果があがる学校運営

　文部科学省『生徒指導提要』（2010年3月。以下、『提要』と略）は、学校運営と生徒指導との関係について、「学校運営の在り方を考える場合に、生徒指導を切り離して論ずることはできないほど生徒指導は重要な課題であり、学校運営と生徒指導が相互に貢献している」、「学校運営をどのように進めていくかに

よって、生徒指導の成果を左右する」と述べ、学校運営を生徒指導の観点から見直し、生徒指導を学校運営の観点から見直すという視点を持つ必要性を提起している。

　一般に、学校運営は、「教育の目的を達成するために、学校の諸組織と諸施設・設備を管理運営すること」あるいは、「制度的に確定された学校組織機構自体を外的及び内的環境の変化に対応させて変化させていくこと」などと定義づけられているが、生徒指導との関係で捉えれば、学習指導と並んで学校教育において重要な意義を持つ生徒指導が円滑かつ効果的に進められるように学校の諸組織と諸施設・設備のあり方を考え、その条件を整えていく営み、もしくは「各学校がそれぞれの学校の掲げる教育目標を実現するために組織的・計画的に展開する活動」であるということができよう。この点に関し、『提要』は、その具体的なフィールドとして、学校の組織体制や学校評価の結果の反映の見直し、学校業務の精選、校務の情報化、学習指導の改善などを挙げ、学校運営全体の工夫を加えることで、「学校全体での指導が可能となり、児童生徒の豊かな心がはぐくまれ、問題行動を未然防止・早期発見ができるようになるなど、生徒指導がより効果的に行われる」と述べている。

　では、生徒指導の効果があがる学校運営とはいかなるものであり、どうあるべきであろうか。以下では、3点を指摘しておきたい。

　第1点は、「学校の組織力」（組織としての学校の教育力）向上という観点から、学校運営の理念・方向・実践・体制を見直し、構築していくということである。児童生徒に対する教職員の働きかけの多くが生徒指導的役割を担うものである以上、一貫性と継続性のある生徒指導の展開が求められるが、そのためには、学校全体の共通理解と取り組みが必要不可欠である。『提要』の表現を借りれば、「学校経営の中に生徒指導の視点がきちんと位置づけられ、それに基づいた学年や学級経営・ホームルーム経営が行われ、さらには個々の教員の指導が行われていくという流れが大切」なのである。生徒指導が学校全体として組織的、計画的に行われるために、全教職員の共通理解を図り、学校としての協働体制・指導体制を築くことが求められる。

　第2点は、『提要』も指摘しているように、各学校においては、生徒指導を通じて児童生徒に身につけさせたい力や目標を明確化するということである。生徒指導は、すべての児童生徒のそれぞれの人格のよりよい発達と学校生活の充実をめざして行われる教育活動であるが、全教職員が「息の合った」指導上

の取り組みを推進していくためにも、また、児童生徒が各学校の生徒指導がめざしている方向性を理解するためにも、めざす児童・生徒像がより具体的に明示される必要がある。ただし、それらが学級・ホームルームや学校全体のモラル（意欲）を高め、児童生徒の自発性・自主性を育むものでなければならないことはいうまでもない。かかる意味で、それらの目標を、児童生徒に「与える」、「押しつける」、「型にはめる」のではなく、児童生徒と（私教育領域に大きくかかわる場合には保護者も）ともに考え、築きあげていくことが大切である。

　第3点は、第1点と深くかかわるが、一貫性のある生徒指導を行うことのできる校内の体制（生徒指導体制）や校務分掌組織を整備するとともに、家庭や地域住民のニーズや意向を把握・反映しつつ、関係機関、専門機関、関係者との協力・連携体制を構築し、推進していくということである。教育基本法は、「学校、家庭及び地域住民その他の関係者は、教育におけるそれぞれの役割と責任を自覚するとともに、相互の連携及び協力に努めるものとする」（第13条）と述べているが、その重要性は生徒指導についても同じである。「協働」（コラボレーション）というスタンスに立ち、保護者をはじめ、立場（場合により価値観）や役割、専門性が異なる関係機関等と十分に対話・協力しあいながら、児童生徒に対する支援に取り組んでいくことが望まれる。なかでも、心理専門職のスクールカウンセラー、社会福祉専門職のスクールソーシャルワーカーとの連携や学校種間・学校間の連携、地域の多様な人材の活用が課題である。

2　幼稚園・保育所・認定こども園の運営と乳幼児の援助・指導

1　現代保育施設経営改革の論点と動向

　1990年代初め以降、幼稚園、保育所、認定こども園等保育制度改革の展開のなかで、保育施設経営に対する関心が高まり、保育・教育関係者の間で、「園経営」「保育経営」「保育マネジメント」といった言葉がよく使われるようになっている[6]。その傾向は、特に保育所界において顕著になっている。すなわち、行政処分による措置から保護者による選択利用への保育所入所制度の転換が図られた1997年6月児童福祉法一部改正を契機として、以後、保育所における保育サービス及び施設運営のあり方が大きく問われてきている。そして、幼稚園・保育所の「一体化」（幼保一体化）等規制緩和・改革を軸とする新自由主義・市場主義政策のさらなる展開を背景に、保育所経営の理論と実践において従前に

はなかった大胆な動きが見られるようになっている。

　例えば、保育所経営主体の規制撤廃（2000年３月）により、幼稚園経営には認められていない民間企業の経営参入の道が開かれ、株式会社が設置・運営する保育所が誕生している。また、民間企業をモデルとした「経営者」としての保育所（園）長等管理職像が提示されたり、保育所経営における企業経営手法の導入を提起する議論が展開されたりしている。そのなかで、企業並みの人事考課制度が考案され、人件費率の大幅縮減をめざす能力主義給与体系への移行を試みる園も増えつつある。さらに、保育所長・理事長等研修において、保育所経営や保育マネジメントを対象とした研修が人気を博し、経営の先行き不安のなかで、競争原理に立った生き残り戦略としての経営論が多大な影響を及ぼしつつある。他方で、子どもと保護者の幸福（権利）保障をめざして、「保育のための経営」、「保育の本質を踏まえた経営」を志向する民主的な保育施設経営論も展開されてきている。

　こうしたなかにあって、近年、国レベルで、「子ども・子育て新システム検討会議」及び３つのワーキングチームが設置され、幼保一体化を含む新たな次世代育成支援のための包括的・一元的な制度の構築に向けての議論と法整備が進められている。2012年８月に公布された「子ども・子育て関連３法」（子ども・子育て支援法、就学前の子どもに関する保育、教育等の総合的な推進に関する法律の一部を改正する法律、子ども・子育て支援法及び就学前の子どもに関する保育、教育等の総合的な推進に関する法律の一部を改正する法律の施行に伴う関係法律の整備等に関する法律）では、その基本的な方向性として、①認定こども園制度の改善、②認定こども園、幼稚園、保育所を通じた共通の給付（「施設型給付」）及び小規模保育等への給付（「地域型保育給付」）、③地域の子ども・子育て支援の充実、を謳っているが、消費税率の引き上げによる財源を含めた恒久財源の確保をはじめ、新たな施設型給付がいかなるものであるか極めて不透明であり、園経営が従前より不安定化し、さらに窮屈になるのではないかという懸念が保育・教育関係者から出されている。保育制度改革と保育施設経営をめぐる今後の動向が注目される。

２　乳幼児の援助・指導の効果があがる園運営

　幼稚園、保育所、認定こども園は、生涯にわたる人格形成の基礎を培う乳幼児期の子どもを保育・教育する公的な施設である。すなわち、幼稚園は、「義

務教育及びその後の教育の基礎を培うものとして、幼児を保育し、幼児の健やかな成長のために適当な環境を与えて、その心身の発達を助長することを目的とする」(学校教育法第22条)施設であり、そこでの教育は、幼児期の特性を踏まえ、環境を通して行うものであることを基本としている。また、保育所は、「日日保護者の委託を受けて、保育に欠けるその乳児又は幼児を保育することを目的とする」(児童福祉法第39条)施設であり、「入所する子どもの最善の利益を考慮し、その福祉を積極的に増進することに最もふさわしい生活の場でなければならない」[8]とされている。両者はともに、家庭及び地域の子育てを支援する施設としても位置づけられている。認定こども園は、幼児教育と次世代育成支援を担う「総合施設」として、「幼稚園及び保育所等における小学校就学前の子どもに対する教育及び保育並びに保護者に対する子育て支援の総合的な提供を推進するための措置」(就学前の子どもに関する教育、保育等の総合的な提供の推進に関する法律第1条)を講じることを目的としている。

　近年における急速な少子化の進行や家庭・地域を取り巻く環境の変化に伴い、小学校就学前の子どもの保育・教育及び家庭・地域の子育て支援に係るニーズが多様化・複雑化してきていることから、保育所・幼稚園・認定こども園等保育施設に対する期待も拡大・増大する傾向にある。こうしたなかにあって、乳幼児に対する効果的な援助・指導を進めていくうえで、園運営上、いかなる課題があるのであろうか。以下では、2点を指摘しておきたい。

　第1点は、子どもと保護者の幸福の実現に向けて、保育施設が組織として、保育・教育及び子育て支援の質について定期的、継続的に検討し、課題を把握し、改善のために具体的に取り組めるような体制を構築していくことである。その際、厚生労働省「保育所保育指針」も述べているように、「職員一人一人が、保育実践や研修などを通じて保育の専門性などを高めるとともに、保育実践や保育の内容に関する職員の共通理解を図り、協働性を高めていくこと」が大切である。いわば「組織性」を高めるための条件づくりに取り組んでいくことが求められるが、一般に、少人数の職員で構成される保育施設にあっては、「他の同僚とチームで対応する力」(チーム力)の向上に焦点を当てた組織づくりと人材育成が肝要であるといえよう。

　第2点は、保育・教育及び子育て支援の質の向上に向けて、保育・教育実践及び子育て支援活動について、1人1人の職員の資質向上及び職員全体の専門性の向上を図っていくことである。そのためには、職場内外における研修と自

己研鑽(けんさん)を通じて、必要な知識と技術の修得、維持向上に努めていくことが不可欠である。一般に、職員研修には、① 職務を通じての研修(OJT：on the job training)、② 職務を離れての研修（OFF-JT：off the job training）、③ 自己啓発援助制度（SDS：self development system）の３つの形態があるが、職員の状況及び保育施設の課題を踏まえた職場内外の研修を体系的、計画的に実施するともに、職員の自己研鑽に対する援助や助言に努めることが望まれる。その意味で、保育者ほか職員の研修と自己研鑽の制度化とその整備拡充が課題である。

おわりに

『提要』は、生徒指導が機能するための学校運営のポイントの１つとして、「校長のリーダーシップ」を挙げている。すなわち、① 学校運営は、校長の裁量に任されている部分が多く、校長がリーダーシップを発揮して全体を調整するとともに、生徒指導の目標を定め、学校運営の方向性を示す必要がある。② 円滑で効果的な学校運営を考えるに当たって、校長のリーダーシップは欠かせない。したがって、③「豊かな生徒指導の鍵は校長が握っている」という自覚を持ち、校長がリーダーシップを存分に発揮し、児童生徒の自己指導能力を育む多様な教育活動が展開できるように学校運営を行っていく必要がある、というものである。確かに、このように述べてよいが、より重要であることは、園・校内におけるリーダーシップを園・校長等管理職が独占するのではなく、職員１人１人に分散され、共有されることが大切である。すなわち、真のリーダーシップとは、「地位に関係なく、当事者が他者（または組織）に対して一定の影響力を及ぼし、その力が他者に受容されて相手の言説や行動様式が変わった場合を意味する[9]」からである。生徒指導の効果があがる学校運営とは、教職員１人１人のモラールの鼓舞(こぶ)（エンパワメント）と学校全体の協力体制の確立が不可欠であるが、そのためには、園・校長ほか教職員間の信頼関係や温かい人間関係をはじめ、教職員と児童生徒との信頼関係や人間関係、学校・家庭・地域との信頼関係、学校と関係機関との連携がキーワードとなるのである。

[演習問題]
1．現代の学校運営と生徒指導をめぐる状況について整理してみよう。
2．現代の学校運営と生徒指導の課題についてまとめてみよう。

3．幼稚園・保育所等保育施設経営の現状と課題について考えてみよう。

注
1) 篠原清昭「序文――スクールリーダーのための新しい学校経営」、篠原清昭編著『スクールマネジメント――新しい学校経営の方法と実践――』ミネルヴァ書房、2006年、ⅱ頁。
2) 同上、ⅲ頁。
3) 中谷彪「現代の学校経営の意義と課題を考える」、中谷彪・浪本勝年編著『現代の学校経営を考える』北樹出版、2002年、13頁。
4) 注2）に同じ。
5) 文部科学省『生徒指導提要』2010年3月。
6) 参照：伊藤良高『保育制度改革と保育施設経営――保育所経営の理論と実践に関する研究――』風間書房、2011年。
7) 同上。
8) 厚生労働省「保育所保育指針」2008年3月（施行は、2009年4月）。
9) 中留武昭「校内研究・研修を推進するうえでのリーダーシップ――中学校」、新井郁男編集『新しい学校を創るリーダーシップ第6巻・教職員の新しい関係づくり』教育開発研究所、1999年、117頁。

参 考 文 献
伊藤良高『〔増補版〕現代保育所経営論――保育自治の探究――』北樹出版、2002年。
伊藤良高『保育所経営の基本問題』北樹出版、2002年。
伊藤良高『新時代の幼児教育と幼稚園――理念・戦略・実践――』晃洋書房、2009年。
伊藤良高・中谷彪・北野幸子編『幼児教育のフロンティア』晃洋書房、2009年。
中谷彪『ガンバレ！先生・教育委員会！！――国民に直接責任を負う教育のために――』晃洋書房、2011年。
浜田博文編『学校を変える新しい力――教師のエンパワメントとスクールリーダーシップ――』小学館、2012年。

第 II 部
生徒指導の方法

第5章 教育課程（カリキュラム）における生徒指導

はじめに

　国際社会の目まぐるしい変化に伴い、教育現場においてもさまざまな課題が生じており、生徒指導のあり方もそれらの課題の1つとして挙げられている。児童生徒の問題行動等の背景には規範意識や倫理観の低下が関係していると指摘される中、近年、学校間、教職員間の共通理解を図るだけでなく、地域社会、家庭との連携を図る上でも参考となる生徒指導提要がまとめられたため、より効果的な生徒指導を実践するために活用すべく、その内容を検証する。本章では、教育課程における生徒指導に重点を置き検証する。

1　教科における生徒指導

1　教科における生徒指導の意義

　授業が児童生徒の学校生活において大部分を占めることは言うまでも無い。授業が興味深く、関心を持って取り組める内容であることは大変重要であるが、どのように良い授業を行ったとしても、生徒指導が不十分であれば、授業自体が成り立たないということは、教育・保育者であれば誰でも痛いほどよくわかっていることである。それ故に、生徒指導の充実が教科指導の充実へとつながり、また、児童生徒1人1人の学校または学級内における居場所を確保することにもつながる。児童生徒が教員を信頼することが出来なければ、自分自身の悩みや問題に関して相談しても仕方がないと諦め、結果、学校や学級に居場所を見つけることが出来なくなることは十分考えられる。児童生徒に自己存在感や自己有用感を味わわせ、自尊感情を育て、自己実現を図ることが出来るような教科指導を行っていくためには、生徒指導の貢献が欠かせないと言える。

2　教科における生徒指導の進め方

　教科における生徒指導の進め方については、教員が指導力を高めるための5つの観点として、①授業の場で児童生徒に居場所を作る、②わかる授業を行い、主体的な学習態度を養う、③共に学び合うことの意義と大切さを実感させる、④言語活動を充実させ、言語力を育てる、⑤学ぶことの意義を理解させ、家庭での学習習慣を確立させる、が生徒指導提要に提示されている。

　まず、①授業の場で児童生徒に居場所を作る、ということは、児童生徒1人1人の生活や学習における課題を把握、理解するように努め、それらの課題における正しい知識と認識を持ち、それぞれの課題解決方法を工夫、改善すると共に、授業の中で児童生徒が活躍できる場を設けることであるとされ、また、学習活動において達成感や充実感を味わうことが自己理解を深めることへとつながるとされている。

　次に、②わかる授業を行い、主体的な学習態度を養う、ということは、児童生徒1人1人が目標を持って授業に参加し、主体的に学習する態度を育成するために、問題解決に向けて自ら考え判断し、行動する力を養う授業を行うことである。つまり、教材研究を徹底して行うことや、指導体制を工夫するということである。これは、⑤学ぶことの意義を理解させ、家庭での学習習慣を確立させる、にもつながることであるが、主体的な態度を養うということは、同時に学ぶことの意義を理解し、継続的に自主的に学ぶ姿勢をも養うということである。

　③共に学び合うことの意義と大切さを実感させる、という点については、かねてより「学校は小さな社会」と言われてきたように、お互いの長所を認め合い、短所を補い、活動を行っていくことの意義や必要性を学ぶと共に、よりよい人間関係を築くために必要な力を身につけることが出来るような授業を行うことである。そのためには、④言語活動を充実させ、言語力を育てる、ことが必須となり、授業における学習活動の中で人権尊重の視点に立って豊かな言語環境を整えるように工夫することが大切になる。

　個々を理解することは教鞭を執るにあたり必要不可欠なことであるが、各授業において全ての児童生徒が活躍できる場を設けることはたやすいことではない。また、学年が上がるに連れて、学力差も大きくなることから、全ての児童生徒がわかる授業、主体的に学習する意欲の湧く授業をすることは大変困難になることも事実である。しかし、児童生徒1人1人を理解することにより、よ

り細やかな生徒指導や学習指導が可能になり、教える側が学習者自身の気持ちや状況を理解し、共感し、受け止め、学習者がそれを感じることで、自ら学ぼうとする意欲は向上すると考える。また、教師が根気よく子どもたちと向き合うことで、学習者自身も自分自身に対して諦めることなく向き合う姿勢を持つことが可能となる。教科における生徒指導において、教育者が児童生徒を信じ、寄り添い、信頼関係を築くことが重要であり、それが基盤となってより効果的な学習指導を行うことが可能になると言える。

2　道徳教育における生徒指導

1　道徳教育における生徒指導の意義

　学習指導要領において道徳教育は、豊かな心をはぐくみ、人間としての生き方の自覚を促し、児童生徒の道徳性を育成することをねらいとする教育活動で、道徳の時間の授業だけでなく教育活動全体を通じて行うものであるとされる。

　ゆえに、生徒指導と道徳教育は密接な関係にあるが、生徒指導が児童生徒1人1人の日常的な生活場面における具体的な問題について指導する場合が多いことに対して、道徳教育は、児童生徒の道徳的心情、判断力、実践意欲や態度などの道徳性の育成を直接的なねらいとしていることから、生徒指導は道徳的実践の指導において重要な役割を担っているといえる。生徒指導は道徳の時間の授業の指導の効果を高めることに役立ち、道徳の時間の授業における指導は生徒指導に貢献するという関係であるといえる。

2　道徳教育における生徒指導の進め方

　道徳教育において、児童生徒の悩みや心の揺れ、葛藤などを生きる課題として取り上げることによって、児童生徒自身が自己の生き方を深く考え、人間としての生き方についての自覚を深め、道徳的実践力が育てられる。また、道徳教育で指導する内容として、望ましい生活習慣を身に付けるなど、規律ある生活に関すること、他者に対する思いやりの心を持つこと、生命の尊さを理解しかけがえのない自他の生命を尊重することや、自然を愛護し人間の力を超えたものに対する畏敬の念を深めること、自分の将来を考え、法や決まりの意義の理解を深め、主体的に社会の形成に参画し、国際社会に生きる日本人としての

自覚を身に付けるようにすることなどが示されている。こういった道徳の時間の授業を行う過程において、教員と児童生徒、または児童生徒相互の密なコミュニケーションを促す機会が多く生まれる。客観的に起こりうる問題に対して深く意見を交わすことにより、相互理解を図ると共に、児童生徒の教員理解を通して信頼関係を築く機会にもなる。言うまでもないが、児童生徒との信頼関係をなくして生徒指導を行うことは出来ず、教科指導を通して児童生徒と信頼関係を築いていくことは、生徒指導を行う上で必要最低限の条件である。道徳の時間の授業では、より直接的に多様な問題に対して意見を交し合うことから、他の授業よりも児童生徒にとり、問題を解決していく上で教員がどのような考えを持っているのかなどが伝わりやすく、生徒指導を行うために必要な基盤を確立することがより可能になる。

3 総合的な学習の時間における生徒指導

1 総合的な学習の時間における生徒指導の意義

　総合的な学習の時間の目標は、「横断的・総合的な学習や探求的な学習を通して、自ら課題を見つけ、自ら学び、自ら考え、主体的に判断し、よりよく問題を解決する資質や能力を育成するとともに、学び方やものの考え方を身に付け、問題の解決や探求活動に主体的、創造的、協同的に取り組む態度を育て、自己の生き方を考えることが出来るようにする。[1]」というものである。学校生活において身に付けたさまざまな知識・技能、資質や能力を相互に関連付け、総合的に働くようにすることや、社会に目を向け、自ら課題を見つけ、情報を整理・分析し、問題の解決方法を模索するなど、探求的な学習を自発的に行うことが目標とされる。

　あらゆる方面において、児童生徒1人1人が主体的に探求的な学習を行うことが目的とされる総合的な学習の時間における生徒指導では、それぞれが持つ本来の力を引き出し、伸ばすように適切に指導していかなくてはいけない。児童生徒の自発的、能動的な取り組みを重視するだけではなく、学習に広がりを持たせるためにも、教員が援助を行っていくことが重要となる。総合的な学習における適切な指導は、児童生徒の総合的な学習の時間の目標達成だけにとどまらず、児童生徒1人1人の健全な成長を促し、自己指導力の育成にもつながることから、そのまま、生徒指導の充実を図ることになる。

2　総合的な学習の時間における生徒指導の進め方

　総合的な学習の時間の目標にもあるように、総合的な学習の時間では、他者と協同して問題解決に取り組む活動が重視されるため、グループや集団で学習活動を進めることや、地域の人々や学外の人々と交流する機会を設けるなど、他者と協同して共存、共栄することが求められる現代社会において必要な態度を養うことが重要となる。ひとりでは実現できないが、協力することにより成し遂げることが出来ることも多くあるということを学ぶことができ、また、困難なことに遭遇したり、つまずきの見られる仲間を助け合ったりすることで、仲間がいると乗り越えられるということを実感できるような活動を促すとともに、集団の学習の質はもちろんのこと、個人の学習の質も高められるような活動を促す必要がある。

　こういった活動を通して、人や社会、自然とのかかわりにおいて自らの生活や行動について考えること、学ぶことの意味や価値を考えることにより、自己の生き方を考え、自己の幸福と社会の発展を追及する人間となるよう、自己を創る過程を援助する指導を行うことが肝要である。

　個々の主体性、創造性、協調性を養い高めることは、社会的資質や行動力を高めることに繋がる。ゆえに、総合的な活動の時間を充実させるということは、生徒指導を効果的なものにするための児童生徒、個々の力を伸ばすということになる。

4　特別活動における生徒指導

1　特別活動における生徒指導の意義

　学習指導要領において特別活動の目標は、「望ましい集団活動を通して、心身の調和の取れた発達と個性の伸長をはかり、集団や社会の一員としてよりよい生活や人間関係を築こうとする自主的、実践的な態度を育てるとともに、人間としての生き方について自覚を深め、自己を生かす能力を養う」[2]とされており、この目標は学級活動・ホームルーム活動、児童会・生徒会活動、学校行事、クラブ活動それぞれの目標や内容の実現をもって達成されると考えられている。生徒指導のねらいは特別活動の目標と重なる部分も多く、密接な関係にあり、生徒指導の見地から見ると特別活動で学ぶべきことは次のように考えられている。

① 所属する集団を、自分達の力によって円滑に運営することを学ぶ。
② 集団生活の中でよりよい人間関係を築き、それぞれが個性や自己の能力を生かし、互いの人格を尊重しあって生きることの大切さを学ぶ。
③ 集団としての連帯意識を高め、集団（社会）の一員としての望ましい態度や行動の在り方を学ぶ。

　特別活動における集団活動には、生徒指導の機能が生かされる場や機会が多く、活動の中で発達段階に応じて児童生徒の自発的、自治的な活動を重んじ援助していくことが大切である。また、集団生活の場においては、誤解や対立が生じるものであり、それらをどのようにお互いを尊重し、協力して解決していくかが重要となる。同年齢、異年齢にかかわらず、さまざまな集団活動を行う中で、持てる力を発揮し、協同できる人間関係を築くことが出来るよう、援助していくことが必要である。

2　特別活動における生徒指導の進め方

　特別活動における指導のすすめ方としては、可能な限り児童生徒の自主性を尊重し、創意を生かし、目標達成の喜びを味わわせることが重要であり、成就感や自信の獲得につながるような間接的な援助に努めることが大切になる。
　子どもが自主的、主体的に行う活動や、教員主導の実践活動を通して、諸問題を見出し、1人1人の思いや願いを生かし、話し合いをくり返す過程で、望ましい集団活動の方法や実践的な態度を身につけることが目標であるため、集団活動の場において、生じる誤解や対立を協力してどのように解決していくか、また、その過程でお互いを尊重し合えるかが重要になる。同年齢、異年齢に関わらず、さまざまな集団活動に参加する中で、持てる力を発揮して協働できるように援助していくことが大切である。
　集団活動は往々にして個別的な指導が疎かになりがちであるため、きめ細やかな生徒指導を行うための中核となる学級活動・ホームルーム活動において好ましい人間関係を基盤として、健全な生活態度を身につけることが出来るように生徒指導を行い、特別活動の時間だけでなく、各教科、道徳、総合的な学習の時間等の教育効果を支え、高めることにつなげなければならない。

5　幼稚園教育・保育所保育における幼児の指導

1　5領域における幼児の指導・援助の意義

　幼稚園教育要領、保育所保育指針には、それぞれ幼稚園、保育所を修了するまでに育つことが期待される生きる力の基礎となる心情、意欲、態度などが「ねらい」として示され、それらの「ねらい」を達成するために「内容」が示されている。子どもが健やかに成長し、その活動がより豊かに展開されるための発達援助であるため、幼児の指導、援助については、双方で示されている「健康」「人間関係」「環境」「言葉」「表現」の5領域におけるねらいや内容に沿って考えていくことが大切である。

　指導、援助の内容としては、集団生活における生活の仕方を知り、生活の場を整えながら見通しを持って行動すること、身の回りや自分自身の健康に関心を持ち、病気予防や安全に気をつけて行動すること（「健康」領域）、他者とかかわることの大切さを実感し、社会生活における望ましい習慣や態度を身につけること（「人間関係」領域）、自然や動植物に関心を持ち、生命の尊さに気付き、命の大切さを学ぶこと（「環境」領域）、経験したことや考えたことなどを自分なりの言葉で表現し、相手の話す言葉を聞こうとする意欲や態度を持ち、言葉に対する感覚や言葉で表現する力を養うこと（「言葉」領域）、言語表現だけでなく、さまざまな方法で感じたことや考えたことを自分なりに表現することを通して、豊かな感性や表現する力を養い、創造性を豊かにすること（「表現」領域）などが挙げられる。

　幼稚園、保育所ともに、子どもが生涯にわたる人間形成にとって極めて重要な時期に通う場所であるため、子どもたちの望ましい未来をつくりだす力の基礎を培うために、各領域における目標達成を目指し、子どもの発達に合わせ能力を伸ばすことができるよう指導、援助していくことが、自己存在感や自己有用感を味わわせ、自尊感情を育て、自己実現を図ることへとつながるということを理解し、それぞれが定める目標を目指して支援していくことが鍵となる。

2　幼児生活と遊びにおける指導・援助の進め方

　子どもたちの生活の中で遊びは欠かせないものであり、子どもが遊びの中であらゆる方向から生きる力を養っていくということは、ピアジェ、ヴィゴツキー

をはじめ多くの学者が提唱していることである。また、いかに遊びが子どもの発達にとって大切であるか、いかに乳幼児期をやり直すことが難しいかが強調されている。

乳児期に愛情豊かに欲求を満たしてもらうことで信頼することを学び、人を信頼することで自分自身を信頼することができるようになり、新しいことへも挑戦しようという意欲が生まれる。乳児を保育する保育士は、愛情豊かに欲求を満たしてあげることの大切さを十分に理解し、保育することが重要である。

他者に興味を示すようになり、かかわりを持てるようになると、ともに遊ぶ機会も多くなる。一人遊びにおける指導、援助は、基本的に、個人の健康、安全に留意したもの、または言語を含む自己表現におけるものが中心となるが、他者を交えた遊びにおける指導、援助には、上記に挙げた事柄以外にも、社会生活の基盤となる人間関係を築く基礎や、マナーやルールを守ることの大切さなど、心身バランスのとれた発達を促すために、相互のかかわりを大切にした指導、援助が求められる。

おわりに

教育課程や目標がどのようなものであっても、毎日の生活の中で、いつ何時でも、子ども1人1人をしっかりと見つめ、向き合い、理解し、あらゆる場面において、臨機応変に対応し、指導、援助していくことが大切であり、よりよい信頼関係を築いていくための努力を惜しまないことはもちろんであるが、保育士や教員は、言葉で指導、援助するだけでなく、自らの行動が最も影響力のある指導、援助であることを肝に銘じ、日々の行動に責任を持って保育、教育に携らなくてはならない。

[演習問題]
1. 児童生徒1人1人の生活や学習における課題を把握、理解するように努めるためにはどのようなことをしていくべきか、具体的に考えてみよう。
2. 教科における生徒指導とそれ以外の時間における生徒指導ではどういった点が異なるかまとめてみよう。
3. 子どもの発達に伴って指導、援助が行われるべきであるが、保育所、幼稚園、小学校、中学校、高等学校、それぞれにおける指導、援助のあり方を具体的に考えてみよう。

注

1 ）　文部科学省『中学校学習指導要領』東山書房、2008年、116頁。
2 ）　前掲書、118頁。

参 考 文 献

佐々木正美『完　子どもへのまなざし』福音館書店、2011年。
柴崎正行・戸田雅美・増田まゆみ編『保育課程・教育課程総論』ミネルヴァ書房、2011年。
柴田義松編著『教育課程論』学文社、2009年。
山﨑準二編『教育課程』学文社、2009年。

第6章 学校における生徒指導の在り方

はじめに

　生徒指導は他者への配慮や尊重を伴う児童生徒の自己実現に寄与する自己指導能力の育成を目標としており、学校ではその目標を達成するための、方針の作成、方針の理解と共有、方針にもとづく実践、適切な教職員の組織、年間指導計画の作成等を行うことになる。
　このとき留意すべきは、こういった教職員側のアプローチにおける、他者への配慮や尊重と「自己選択や自己決定」[1]によって培われる自己指導能力とのバランスである。行き過ぎた他者への配慮や尊重は過度な自己抑制や自己否定につながる恐れを有し、自己中心的な自己選択や自己決定は他者軽視や他者否定につながる恐れを有する。このことを考えれば、どちらかを優先させるのではなく、両者のバランスを考えた方針、実践、組織、計画等が必要となる。
　本章では、北尾のいう「画一性と個の尊重」[2]という観点を参考に、全体への指導と個人への指導、全体の尊重と個人の尊重、他者理解と自分理解、理性の発揮を主とする理解と感性の発揮を主とする理解をキーワードに、バランスのとれた教職員側のアプローチについて述べていく。

1　学校における生徒指導の原則

1　生徒指導方針の策定

　学校には教育目標があり、その目標にもとづき、めざす生徒像としての生徒指導目標が存在する。生徒指導方針とは生徒指導目標を達成するための行動目標・基準を具体的かつ明確に規定したものである。生徒指導方針について『生徒指導提要』では次の具体例を挙げている。

「社会生活上のきまり・法を守る」「あいさつをする」「してはいけないことはしない」「他人に迷惑をかけない」「時間は厳守する」「常に感謝の気持ちを忘れない」「授業時間中の態度をきちんとする（私語をしない、話をよく聞くなど）」）[3]

　これらはすべての児童生徒に身につけさせておくべき基礎の方針といえる。その意味で、学校全体としてすべての教職員が共通的に児童生徒全体に指導すべき内容である。
　生徒指導目標および方針の策定の際には、自己指導能力の育成につながる児童生徒の「自発性・自主性、自律性、主体性」[4]を、全体の尊重（他者との関係やきまりの尊重）に向かって発揮させようするのか、それとも、個人の尊重（自分としてのものの見方・考え方の尊重）に向かって発揮させようとするのかに配慮しなければならない。
　他者と共に生活する学校においては、当然、他者との関係やきまりを無視する生活を個人が行うことは許されない。しかし全体の尊重のみが肯定的に評価され、個人の尊重に対する自発性・自主性、自律性、主体性の発揮が軽視されることは、1人1人のものの見方・考え方が表出され交流される機会を減少させる。交流の中で実感的な他者理解および自分理解が行われることを考えるとき、生徒指導目標および方針は全体の尊重と個人の尊重の両面から熟慮され決定されなければならない。
　策定した目標や方針は全体への指導内容である。しかし児童生徒個々の事情や背景を考えたとき、指導すべき内容の優先順位や指導の方法について、個々の児童生徒に応じた個別への指導となる場合がある。また全体への指導内容とは異なる目標や方針が設定されることもある。

2　教職員の共通理解と共通実践

　生徒指導の実践における第1の原則は、目標および方針を教職員間で共通理解すること。第2の原則は、全体への指導とは異なる個人への指導についてその内容や方法を当該児童生徒と関わる機会の多い教職員間において確実に共通理解すること。第3の原則は、全教職員が共通で実践すべき方法と各教職員の特性等を考慮した上で各自が個別に行う方法とを区分し、教職員相互がその区分を了解することである。

さらに第4の原則は、児童生徒の表面的な言動や状況のみで児童生徒を評価するのではなく児童生徒の背景を理解することである。その理解が個々の児童生徒に即した指導方法の確立および児童生徒自身に自他の背景を考えさせるための基盤となるからである。

2 学校における生徒指導の組織

1 生徒指導の組織

生徒指導を行う場面について『指導提要』では次のように述べている。

「生徒指導は、教育課程における特定の教科等だけで行われるものではなく、教育課程のすべての領域において機能することが求められています。そして、それは教育課程内にとどまらず、休み時間や放課後に行われる個別的な指導や、学業の不振な児童生徒のための補充指導、随時の教育相談など教育課程外の教育活動においても機能するものです。[5]」

生徒指導は教職員全体で行うと同時に、教科の授業、総合的な学習、道徳、特別活動等、すべての教育活動において行われるべきものである。このことにしたがえば学校におけるすべての組織（各部、各委員会、各教科会、各学年会等）は学校教育目標および生徒指導目標に基づく企画・運営を行う責務を持つ。

各組織が相互補完的な連携を図ることで学校組織全体としての教育活動を行うためには次の点に留意しなければならない。それは、各組織の活動内容の特性に基づき、全体への指導と個人への指導、全体の尊重と個人の尊重、他者理解と自分理解、理性の発揮を主とする理解（理性的・論理的な自他の理解）と感性の発揮を主とする理解（直感的・感覚的な自他の理解）のそれぞれについて、どちらに重きを置くのかという各組織の重点方針の明確化である。

ところで校務分掌とは、「学校教育の効果を上げるため、学校運営に必要な校務を校長が所属職員に学校全体を見通して分担し、処理していくこと[6]」である。この校務分掌上、生徒指導部という組織は「生徒指導体制の企画・運営」「全児童生徒への指導援助」「問題行動への対応・指導」「関係者等への連絡・調整」等を主な仕事内容としており、これらについて他の各組織と連携の上でその内容を具体化し継続的にそれらを評価・改善することが具体的な仕事となる。

また生徒指導に関わる組織には教育委員会や関係諸機関および地域・家庭が含まれることから、当然これらの組織もまた学校の教育目標および生徒指導目標を理解している必要がある。学校としてはそれを説明し理解してもらうための努力を怠ってはならない。さらにスクールカウンセラーや学校内外のボランティア等との共通認識も重要である。

2　生徒指導主事の役割と資質・能力

　生徒指導主事の役割について学校教育法施行規則第70条には「生徒指導に関する当該事項について連絡調整および指導、助言に当たる」とある。また『指導提要』ではこう述べている。[7]

①校務分掌上の生徒指導の組織の中心として位置付けられ、学校における生徒指導を組織的計画的に運営していく責任を持つこと。教科指導全般にわたるカリキュラム開発をリードし、推進していくことも重要な役割。

②生徒指導を計画的・継続的に推進するため、校務の連絡・調整を図ること。

③生徒指導に関する専門的事項の担当者になるとともに、生徒指導部の構成員や学級担任・ホームルーム担任その他の関係組織の教員に対して指導・助言を行うこと。

④必要に応じて児童生徒や家庭、関係機関に働きかけ、問題解決に当たること。

　これらは生徒指導主事を問題解決の直接的な当事者だと断定しているわけではない。しかし学校教育目標、生徒指導目標、生徒指導方針、教職員の個別性にもとづく役割分担、生徒指導の組織、生徒指導主事の役割等について、教職員の共通理解と個々の教職員の当事者意識が不足していると、生徒指導主事を問題解決の当事者だとみなす傾向が生まれる。

　次に生徒指導主事の資質・能力について述べる。『指導提要』からその要点を引用するとこうなる。「生徒指導の意義や課題への十分な理解」「他の教員や児童生徒からの信頼」「学校教育全般を見通す視野や識見」「生徒指導に必要な知識や技能」「全教員が共通理解のもと意欲的な取組に向かうようにする指導性」「学校や地域の実態を生かした指導計画の策定」「創意・工夫に満ちた優れ

た指導」「児童生徒の揺れ動く心や心理の的確な把握」である[8]。
　ここではさらに全体の尊重と個人の尊重のバランスを観点にしての生徒指導主事の資質・能力を挙げておく。

　　○ 児童生徒の実態の的確な把握。
　　○ 全体の尊重の指導に向いている教職員および個人の尊重の指導に向いている教職員の把握。
　　○ 全体の尊重に向かう計画と指導体制および個人の尊重に向かう計画と指導体制の策定。

3　学校における生徒指導の計画と評価

1　生徒指導年間計画の策定と留意点

生徒指導年間計画に必要な項目例を挙げてみる。

　① 月間（週間）方針
　② 方針達成のための方法と担当者の名前
　③ 留意点
　④ 評価の方法

　計画の策定にあたっては児童生徒や地域・家庭および教職員の実態把握が必要である。さらにこれらの実態把握をとおして方針および方針の達成方法をどう生み出していくのかが重要となる。また計画は年度当初に策定したままにせず、年度途中に検証を行い修正すべきは修正をしていくことが肝要である。さらに学校外の組織（関係諸機関や地域・家庭等）との連携が重要であることから、策定にあたっては学校外の組織への情報の提供と共有を怠ってはならない。
　また計画の策定時に考えるべきこととして、月間の方針等を児童生徒にどう伝えるのかということがある。留意すべきは、教職員が方針の重要性を児童生徒に真剣に伝えようとするとき、自他の現状や背景および今後に関する児童生徒の実感的理解の度合いが低ければその重要性は伝わらないということである。

2　生徒指導の評価

　生徒指導における評価の対象は、生徒指導方針の達成状況を示す児童生徒の現状、現状を生む背景の理解、現状と背景から考えられる今後の方針の3点である。この3点を評価する観点は、全体への指導と個人への指導、全体の尊重と個人の尊重、他者理解と自分理解、理性の発揮を主とする理解と感性の発揮を主とする理解となる。

　また上記3点の評価を踏まえた上で、生徒指導に関わる組織と役割分担、教職員全員が共通的に行う指導方法と個別に行う指導方法、生徒指導の体制、年間指導計画等が評価の対象となる。

　評価の方法は教職員の判断のみを用いることなく、児童生徒や保護者へのアンケート等も用いる。教職員の判断については、各教職員の自己評価後、その結果を各組織や教職員全体での反省会・研修会等において交流し、多面的・総合的な判断へと練り上げていく。

　評価の結果については、関係諸団体や地域・家庭とその情報の共有をするとともに、保護者や地域住民などの学校関係者から構成される評価委員会等で検討する必要がある。また問題行動への対応など緊急を要することについては、児童生徒や保護者への緊急アンケートなど、機に応じた随時の評価を行う。

4　生徒指導のための教員研修

1　生徒指導のための研修の意義

　生徒指導は教職員全体ですべての教育活動において行うものだということを考えるとき、教職員には、教科、総合的な学習、道徳、特別活動等について、それぞれの授業力とそこでの生徒指導力が必要だということになる。また全体指導の守備範囲を学校教育のみならず、就学前教育である幼稚園、保育所、認定こども園段階をも含めて考えるとき、幼児期から高校生までの各発達段階および各学校園の連携についての理解が必要となる。さらに生徒指導が、多面的で総合的な児童生徒理解、児童生徒との信頼関係、教職員間の信頼関係、地域・家庭との信頼関係を基盤とすることを考えたとき、これらについての研修も必要となる。

　研修においては、全体への指導と個人への指導、全体の尊重と個人の尊重、他者理解と自分理解、理性の発揮を主とする理解と感性の発揮を主とする理解

という観点から、どちらかに偏った研修を行うのではなく両面からの研修を行う必要がある。

2　校内研修と校外研修

校内研修の持ち方には大きく次の3つがある。各組織（各部、各委員会、各教科会、各学年会等）での研修、教職員が全員参加の研修、授業参観後の研修である。

各組織での研修については、年度当初および年度途中における年間指導計画への評価、教職員が全員参加する研修の企画運営、個別の課題に対する協議等が主な研修内容となる。教職員が全員参加の校内研修は、教職員が一堂に会し、個々の児童生徒の実態を交流する中からその児童生徒への指導のあり方や全体への指導のあり方をまとめていけるという点で、多面的で総合的な児童生徒理解に役立つとともに、各組織での研修内容を交流し連携を深めることにも貢献する。授業参観後の研修については、授業内での生徒指導のあり方を実践の中から学ぶという点で有意義である。

校外における研修は、教育委員会等が、校内での職員の分掌や経験年数等を基準にして設けることが多い。内容的には、生徒指導に関する理論、教職員に必要とされる資質・能力、生徒指導の機能を生かした学習指導のあり方、学級担任・ホームルーム担任として身につけたい生徒指導上の知識・技能などが挙げられる。

重要なことは研修の内容を他の教職員に広めることである。さらに研修の内容を実践しての成果と反省を他の教職員に伝えるとことである。特に後者の動きが少ないことは、研修は研修なのであって現場の実践には役立たないという風潮を教職員間に生じさせる原因となる。

おわりに

学校には次の指導が多く存在する。児童生徒全体に対する共通の指導、他者との関係やきまりを尊重させる指導、他者の思いや言動の背景を理解させる指導、ことばで理性的に考えさせる指導である。これらは重要な指導にちがいない。しかし他者への配慮や尊重を伴う児童生徒の自己実現をめざす生徒指導を考えるとき、個々の児童生徒の特性や背景に即した指導、個々のものの見方・

考え方が生きる指導、自分の思いや背景を理解させる指導、感性を揺り動かす指導とのバランスを考慮した指導が必要なのである。

[演習問題]
1．全体の尊重、個人の尊重、それぞれにつながる生徒指導方針をつくってみよう。
2．生徒指導について教職員1人1人が当事者意識をもつための方法にはどのようなものがあるかを考えてみよう。
3．いじめられている子の思いを他の児童生徒に実感させるにはどのような指導を行えばよいのかを考えてみよう。

注
1） 文部科学省『生徒指導提要』教育図書、2010年、1頁。
2） 北尾倫彦『授業改革と学力評価——求同求異論からの提言——』図書文化、2008年、8頁。
3） 文部科学省『生徒指導提要』教育図書、2010年、75頁。
4） 同上、10-11頁。
5） 同上、4頁。
6） 同上、79頁。
7） 同上、80頁。
8） 同上、80頁。

参 考 文 献
有村久春編『新編生徒指導読本』教育開発研究所、2007年。
稲垣應顯・犬塚文雄編『わかりやすい生徒指導論・改訂版』文化書房博文社、2004年。
岩城孝次・森嶋昭伸編『生徒指導の新展開』ミネルヴァ書房、2008年。
上杉賢士『「ルールの教育」を問い直す——子どもの規範意識をどう育てるか——』金子書房、2011年。
日本教育方法学会編『子どもの生活現実にとりくむ教育方法』図書文化、2010年。

第7章 生徒指導への対応

はじめに

　生徒指導は、子どもの人格が形成される過程において、非常に重要な役割を担うものである。しかし、その具体的な内容は、近年複雑化・多様化しており、対応が難しい例も増えているように思われる。また、個々の子どもへの課題に応じた個別の指導と同時に、学級や学年、学校全体への指導も求められる。
　一般に生徒指導というと、問題行動を起こした子どもに対して個別に行う指導のイメージが強いかもしれない。もちろんそれも重要な生徒指導の一部であるが、児童生徒全体への校内の組織的な対応や、学校同士が校種を越えて相互に交流や連携を行うことも必要である。
　なお、文部科学省『生徒指導提要』(2010年)においては、教育相談については第5章、生徒指導の進め方については第6章、そしてそれを進める前提として理解が不可欠な法制度等については第7章にまとめられている。本章では、それらをふまえながら、生徒指導への対応について述べることとする。

1　生徒指導と教育相談

　今日の子どもに関わる問題状況や課題として、『生徒指導提要』第6章においても、発達、喫煙・飲酒・薬物乱用、暴力行為、いじめ、インターネット・携帯電話、性、自殺、児童虐待、家出、不登校、中途退学などについて述べられている。
　これらは、それ自体が犯罪であったり、それを通じて犯罪に巻き込まれる可能性が高いものであったり、そこまでいかなくてもその後の子どもの生き方に大きな影響を与えるものであったりする。それゆえに、実際に問題が生じたときには事後的、個別的に対応を求められるものである。

同時に、学校現場においては、日常的に学習や生活、進路等に関して子どもや保護者から相談を受ける機会が多く、教員は、いじめや虐待といった深刻で速やかな対応が求められる問題以外にも、さまざまな内容に関して教育相談を行うこととなる。
　このような相談の多くは、問題が起こった後に事後的に対応する治療的生徒指導といわれるものである。その際、問題の渦中にある子どもは、概して自己肯定感が低く、自他に対して破壊的な行動をとりがちであることから、子どもが自尊感情、自己効力感、自己有用感を高められるように取り組む必要がある。
　しかし、そのような事後的な取り組みに追われていると、教員も疲弊していき、学校全体が落ち着かない状況が続くことになりがちである。そこで、子どものさまざまな問題行動が深刻化する前に予防的生徒指導を行い、問題の芽を早期に見つけて対応することとなる。
　そしてさらに、「基本的な生活習慣の確立や校内規則に関する指導、児童生徒自らが危険を予測し、それを回避する安全な行動がとれるような力の育成を学校全体で取り組んでいく」[1]ことも必要であり、それが「育てる生徒指導」ともいわれる開発的生徒指導である。
　学校現場においては、それら3つの生徒指導が集団的に、あるいは個別的に不可欠となるが、たとえ担当の教員1人が個別に行う指導であっても、学校全体が組織的にそれを支えなければならない。学級担任が問題を抱え込むのではなく、管理職や生徒指導担当や養護教諭などの教職員や、必要に応じてカウンセラーなどの外部の専門家の支えが重要である。
　ところで、個別対応か集団指導かという点に関しては、「教育相談は主に個に焦点を当て、面接や演習を通しての個の内面の変容を図ろうとするのに対して、生徒指導は主に集団に焦点を当て、行事や特別活動などにおいて、集団としての成果や変容を目指し、結果として個の変容に至る」[2]とされる。
　生徒指導は、学校内外のさまざまな関係者が連携して効果を上げるものである。この点で、例えば各校で規定される校則は、社会通念上認められる範囲を逸脱することなく、校外の人々の理解を得られるものでなければならず、「児童生徒の実情、保護者の考え方、地域の状況、社会の常識、時代の進展などをふまえ」[3]絶えず積極的に見直すべきものといえる。

2 生徒指導とカウンセラー

　前節に述べた通り、学校現場においては、さまざまな子どもの問題状況があり、学級担任やホームルーム担任、教育相談担当教員、養護教諭等によって教育相談が行われている。そして、個々の子どもの問題状況の解決あるいは軽減を目指して、校内でケース会議（事例検討会）がもたれることがある。
　対象の子どものアセスメント（見立て）やプランニング（手立て）にそれも有効であるが、一方で、校内の教職員集団のみによる検討では、逆に解決策が見えなくなることもある。また、具体的な相談場面においても、関係が近すぎる教員が相手では、内容によっては子どもが話しにくいことも生じる。
　ここで活躍が期待されるのがスクールカウンセラーであり、国の事業としても1995年度に「スクールカウンセラー等活用事業」が創設され、全国の小中学校に配置が進められている。それは、「不登校を始めとする児童生徒の問題行動の未然防止、早期発見・早期対応のために、児童生徒の悩みを受けて相談に当たり、関係機関と連携して必要な支援をするための『心の専門家』を配置する事業」[4]とされる。
　その役割としては、子どもや保護者に対する援助、教員に対する援助、外部機関との連携があげられる。専門的な理論と技術を持つカウンセラーならば、学校や教員に不満を持つ子どもや保護者にも対応でき、また、教員にも助言を与えコンサルテーションを行うことができ、問題解決へ向けて医療機関や児童相談所、警察などとのつなぎ役になることもできるというわけである。
　ところで、時として子どもや保護者との間にさまざまな感情対立が生じがちな教員が、問題を抱える彼らに対してカウンセラーの役割を直接果たすことは難しいことも多い。しかし、カウンセラーに求められる拒否的でない傾聴的な姿勢、すなわち、相手を認め尊重し理解しようとするカウンセリングマインドは、相手との信頼関係を築く前提として教員にも求められることとなる。

3 生徒指導と家庭・地域社会

1 家庭・地域社会の影響

　生徒指導は、子どもの人格の完成のために行われる教育的営為である。他方、

この崇高な目的を教員個人あるいは学校組織単体だけで実現することは困難である。したがって、家庭・地域社会、そして、学校を取り巻く関係機関との連携のあり方を積極的に模索していく必要がある[5]。

　子どもがいかなる家庭環境において成長期を過ごすかは、子どもの人格形成にとって決定的な影響を与えることは言うまでもない。とはいえ、子どもは自分の出生を選択することはできないため、いかなる生活環境（裕福な家庭、経済的に困難を抱える家庭など）や養育態度（溺愛型・過保護型、バランス型・安定型、放任型・拒否型、過干渉型・過支配型など）[6]の保護者の下で成長期を過ごすことになるのかは、言わば、偶然の範疇である。

　他方、成長期の子どもは、社会集団の1つであり、かつ、生活環境の中心的基盤である地域社会（の住民）との関わり合いを通じて、社会性や規範意識を育むことにもなる。日常的に地域住民と挨拶の言葉を交わすことに始まり、近隣に住む同級生や同世代と共に遊ぶことや、清掃活動や祭りなど地域行事に参加したりすることに至るまで、家族以外の他者に対する意識・配慮や地域社会の構成員としての意識を醸成していくことはその好例であり、地域社会は子どもの健全育成を図る重要な機会提供の場であると理解できる。しかし、一口に地域社会といっても、いかなる伝統・文化・慣習を有し、いかなる特徴（商業・工業地、農業・漁業地域、過密・過疎地など）を持った地域社会であるのかによって、子どもの人格形成（感性、意識、価値観など）に与える影響は異なるものとなる。こうして、生徒指導を行っていく上では、子どもを取り巻く家庭環境、そして地域社会の状況が子どもの発達にいかなる影響を与え得るのかを絶えず問い続けていく必要がある。

2　地域社会の変容と教育的機能

　近年、社会構造の変化により、地域社会それ自体も変容し地域社会の教育力が低下しているとの指摘が相次いでいる。すなわち、核家族化・少子化の進行、流通網・交通網の発達、インターネット・携帯電話の普及に伴う高度情報化の進展と利便性の向上、都市化・産業化・国際化による人口の流動化等によって、個人の価値観や生活意識、ライフスタイルが多様化し、地域社会が果たす教育的機能も変化し得るというわけである。具体的には、伝統的な地域行事、子ども会・町内会・自治会等による催し物、児童館・公民館活動等の衰退・減少など、地域社会の構成員として価値観や経験を共有し帰属意識を醸成させ

る機会それ自体が減少したことで、地域社会における人間関係・連帯感の希薄化が生じたのではないかとの危惧が共有されつつある。また、子どもが恒常的に地域社会の住民と触れあう機会や場が減少したことによって、地域社会の側でも子どもに対する信頼感や寛容さが低下しているとの指摘もある。

3　学校・家庭・地域社会の連携——「情報連携」と「行動連携」

他方で、地域社会における他者との関わり合いや触れ合いを意識的に増やすことを通じて、子どもたちの自尊感情、社会性や規範意識、自己有用感・自己肯定感を高めるとともに、共通体験を成功体験として蓄積してくことで地域社会の教育力をも再生させることを企図する取り組みも行われている。例えば、家庭や学校関係者以外の大人や異年齢の児童生徒等との交流する機会を増やすために、学年の枠に問われず積極的に子どもの体験活動（社会体験活動・自然体験活動・職場体験活動）の場を設定することは、息の長い取り組みとして全国各地で継続して行われている。また、コミュニティ・スクール（学校運営協議会）を普及させることで、学校を核とした地域づくりを進め、結果として地域の教育力を高めていくことを政策的に推進する動きも近年盛り上がりを見せている[7]。

学校としては、多様な状況に置かれた家庭環境の実態を踏まえた上で、いかなる生徒指導体制の下で地域社会との連携を実現し、かつ、その関係性の紐帯を強固にしていくことができるか、「情報連携」と「行動連携」を行いながら地道な関係づくりを進めていくことが重要となる。教員個々人がどの程度家庭環境と地域社会の実情（歴史・環境・伝統・文化・人口規模・産業構造など）を真摯に理解し、次いで系統的かつ継続的な情報共有の機会を設けていくことができるかが、学校・家庭間、学校・地域社会間の連携の成否を握ることになろう。

4　生徒指導に関する法制度

1　校則と生徒の基本的人権

生徒指導の過程では、生徒と学校側とのあいだに対立の構造が生じることがある。例えば、各学校が定める校則が生徒にとって耐えがたく、生徒の基本的人権を侵害するような内容である場合、その校則は、生徒にとってどこまでの規範力を持つものなのだろうか。ここでは、校則をめぐる過去の裁判例のうち、

① 髪形や服装等の「みだしなみ」に関する校則の有効性が争われた訴訟、② バイク通学禁止等を定めた校則違反を理由とする「懲戒」処分の妥当性が争われた訴訟とに分類して検討する。①は、校則自体の内容の適否について争われたものであり、その校則によって生徒に現実的な不利益が生じているか、または、その不利益が外形的にも認定できるものか否かが訴訟上の争点とされた。この点、裁判所は、髪型や服装に関する校則の有効性について、一貫して校則の必要性を認める立場に立ち、その校則自体が生徒の権利を現実的に侵害しているとはいえないとして、校則の内容の適否に関する判断を避けてきたところである[8]。これは、教育機関である学校においては、生徒の権利が一般社会と同様に認められるわけではなく、時には制約を受けることがあるという立場からの判断であり、こうした考え方は「部分社会論」と呼ばれる[9]。学校の教育目的を達成するために校則は必要であり、生徒の権利にも一定の制約が課されるとする裁判所の判断には、一定の説得力を感じる読者も多いだろう。しかし、男子生徒の頭髪について「丸刈」を強いるような校則がある場合、それは、仮に外形的な不利益が認められない場合であったとしても、生徒にとっては学校生活を営むうえで著しく苦痛であり、ひいては、その生徒が自分らしく生きていくうえでの強い精神的な負担となりうるものである。こうした現在の社会常識に照らして著しく不合理な校則が存在する場合、それは、生徒の基本的人権を侵害している可能性があるものとして、校則自体の有効性を法的に争う余地があることに留意しなければならない[10]。

2 懲　　戒

一方、②の校則違反を理由とする「懲戒」処分をめぐっては、生徒の教育を受ける権利の保障を踏まえた判断が求められる。過去にはバイク通学の禁止等を定めた校則に違反した生徒に対し、自主退学勧告を下した学校側の処分が有効か否か争われたことがある。このケースで裁判所は、生徒がその校則を承知して入学し（在学契約説）、かつ、当該の校則にも一定の合理性が認められる以上、校則違反を理由とした学校側の処分が適法であるとの判断を示した[11]。この事件は私立の高等学校における「懲戒」処分の適否が争われたものだが、学校が生徒に課すことのできる「懲戒」処分としては、私語を叱責するといった法的な効果を伴わない「事実行為」としての「懲戒」を除き、「退学」、「停学」、「訓告」という３つの処分が学校教育法施行規則第26条で定められている。義

務教育課程である小中学校では、児童生徒の「教育を受ける権利」を保障する観点から「停学」の処分を課すことは認められておらず、国立および私立の小中学校では「退学」と「訓告」の処分が、また、公立の小中学校では「訓告」の処分のみを課すことができる。したがって、義務教育課程ではない高等学校においては、上記のケースのように「退学」処分を下すことが、手続き上可能である。しかし、こうした「懲戒」処分によって、生徒の「教育を受ける権利」が失われる点を考慮すれば、同規則同条第3項に掲げられた「懲戒」処分が認められるための要件は、慎重かつ厳格に適用されなければならない。なお、学校教育法第35条では、公立の小中学校で著しく性行不良の児童生徒が他の児童生徒に対する教育の妨げとなっている場合、各市区町村教育委員会の権限で学習支援の措置を講じること等の要件の下、保護者に対して児童生徒の「出席停止」を命じることができることとされている。この「出席停止」処分は、『生徒指導提要』において、他の児童生徒の「教育を受ける権利」を保障する観点から、適正な手続きの下で、積極的な制度活用の検討が促されているところでもある[12]。近年、社会問題として再燃している「いじめ」の加害者少年に対する制裁的な観点からも、この制度を積極的に活用する必要性が強調される傾向にあるが、制度の活用にあたっては、この制度があくまでも「懲戒」の趣旨で設けられているものではないことに留意する必要があるだろう。

演習問題

1. 予防的生徒指導と開発的生徒指導の意義について考えてみよう。
2. 生徒指導におけるカウンセリングマインドの重要性について考えてみよう。
3. 地域社会で行われている行事や取り組みの中で、子ども、そして近隣の学校が関わることのできる機会を挙げてみよう。
4. 高等学校においてパーマを禁止した校則が定められている場合、その校則には、どのような教育上の必要性が認められるのか考えてみよう。

注
1) 文部科学省『生徒指導提要』教育図書、2010年、127頁。
2) 同上、92頁。
3) 同上、193頁。
4) 同上、118頁。
5) 以下の記述は、文部科学省「学校と家庭・地域・関係機関との連携」『生徒指導提要』

2010年、208-225頁に多くを負っている。
6) 嶋崎政男「信頼される関係づくりと困難な対応事例14」『教職研修』2012年5月号、64頁。
7) 佐藤晴雄・中野区立沼袋小学校『地域連携で学校を問題ゼロにする——実践型コミュニティ・スクールの秘訣』学事出版、2008年、学校運営の改善の在り方等に関する調査研究協力者会議『子どもの豊かな学びを創造し、地域の絆をつなぐ——地域とともにある学校づくりの推進方策——』2011年7月5日、参照。
8) 例えば、最高裁判所（第一小法廷）平成8年2月22日判決（判例タイムズ902号51頁）等を参照。
9) この点は、人見剛「在学関係の法的性質」、ジュリスト増刊『行政法の争点』有斐閣、2004年、306頁等を参照。
10) 大島佳代子「わが国における校則訴訟と子どもの人権」帝塚山法学第4号、2000年、71-102頁。
11) 最高裁判所（第一小法廷）平成8年7月18日判決（判例時報1599号53頁）。
12) 注1）に同じ、195頁。

参 考 文 献

稲葉陽二『ソーシャル・キャピタル入門——孤立から絆へ』中央公論新社、2011年。
岩城孝次・森嶋昭伸編『生徒指導の新展開』ミネルヴァ書房、2008年。
内野正幸『憲法解釈の論点 第4版』日本評論社、2005年。
片山紀子『入門生徒指導——「生徒指導提要」をふまえた新しい生徒指導のあり方』学事出版、2011年。
佐藤晴雄『学校支援ボランティア——特色づくりの秘けつと課題』教育出版、2005年。
棟居快行・赤坂正浩・松井茂記・笹田栄司・常本照樹・市川正人『基本的人権の事件簿 第4版 憲法の世界へ』有斐閣、2011年。
山崎洋史『学校教育とカウンセリング力』学文社、2009年。
ロバート・D. パットナム（柴内康文訳）『孤独なボウリング——米国コミュニティの崩壊と再生』柏書房、2006年。

第Ⅲ部
生徒指導の応用

第8章 生徒指導の諸問題

1　いじめする子の指導

いじめする子の心のうち

　いじめする子は、最初は遊び半分で相手をからかうようなことから始めることがある。しかし、自分が過去にいじめられたことからその鬱憤を晴らしたいとか、日常が何となく面白くなく不満や不安をもっている場合には、2度目3度目へとエスカレートしていく。そして、ときには、仲間を誘い、複数でいじめをするようになる。新しく仲間に入り込んだ子は、数の多い方にいると楽だが、強い者に追従し、抜け出せなくなる。そして複数になると気が大きくなり、集団でいじめをするようになる。

　いじめに走る子の多くは、学業不振等のはけ口として、弱い者をいじめることがある。その上、基本的な倫理観を身につけていないことが多いため、無理難題を押し付け、金品を要求し、恐喝まがいのことをも行うようになる。

プラス思考に方向づけ

　いじめする子には、クラス全員の前ではなく、1人1人個別に話をする方がよい。自分たちのしていることがいじめだと思っていないときもある。子どもは、教師には悪く思われたくないので、取り繕うことや自分の正当性を述べることが多くなる。そのときは、相手の子の心の痛みについて、丁寧に話をしてやる必要がある。叱る調子ではなく、いじめする子の心に寄り添いながら指導することも必要となる。しかし、いじめが悪質で反抗的な態度をとり続けるときには、社会の規範に外れることであると、毅然と真剣な気持ちで語ってやらなければならない。

　いじめする子は、自信をなくし、行為に対する負い目を持っていることが多い。そのため、その子のよい評価面をとらえ、期待していることを話すなどして、その子の自尊感情を高める必要がある。「先生は自分の味方だ」と感じるようにし、自信を持たせ、プラス思考に方向づけていきたい。

「語る力」「温かい人間性」が必要

いじめがおさまったように見えても、影をひそめるだけの表面的な沈静に終わっているときがある。子どもの人間関係の変化や心の問題にも常に目を向け、根負けしないで粘り強く指導していかねばならない。

「先生は本気で気にかけてくれている」「自分を信じてくれている」といった気持ちが子どもに芽生えるよう、教師は真剣にその子どもの気持ちを分かろうと努めなければならない。そのためには、子どもの心に響くように語って聞かせる力がなければならないし、子どもが心から信頼する温かい人間性を持ちあわせた教師でなければならない。

2　非行する子の指導

少年非行とは

少年非行とは、一般的には未成年者によってなされた犯罪行為、及びこれに類する行為と社会的に判定された行為である。少年法第3条においては20歳未満の青少年による犯罪行為、触法行為及び虞犯(ぐはん)（犯罪を行うおそれがある状態）を総称して「非行」という。これに規定されるものは家庭裁判所の審判対象や警察の検挙対象となるなど重要なものである。この場合は以下の3つに分類される。

1．犯罪少年——14歳以上20歳未満で刑罰法規に違反した犯罪行為を行った少年。家庭裁判所を中心とした司法機関により扱われる。2．触法少年——14歳未満で刑罰法規に触れる行為を行った少年。児童福祉法に基づき児童相談所などの行政機関により扱われる。3．虞犯少年——虞犯とは犯罪や触法まではいかないが、保護者の正当な監督に逆らったり、不当に家出をしたり犯罪性のある者や不道徳な者と交際するなど、将来犯罪を行うおそれが濃いと判定された状態をいう。これらに該当する少年少女は、保護の観点から、家庭裁判所の審判に付されることになる。

少年非行の理解とその対応

少年非行は、ただ単に罰したり、保護者への指導を強化したりするだけで問題が解決するとは限らない。まず、その背景として、児童期から青年期にいたる各発達段階における心理的特質と課題や問題行動、家族関係的観点、地域福祉の観点などをふまえて理解する必要がある。

子どもの発達過程における、いわゆる思春期の一時的な規範意識の欠如や思

春期・青年期の挫折を契機とした非行については、非行が不適切であるという前提のもとで、少年の心の内面に丁寧に対応すべきである。

次に家庭の問題だが、初発年齢が早い非行の場合、容易に解決できず常習化し、本格的な非行に発展することもある。子どもの人格形成や人間関係の構築においては、家庭が最も重要な役割を果たすと考えられているが、最近では、親子の関係が希薄になってきているという指摘もある。

適切な世話がなされず、保護者への愛情の欲求不満を募らせることが問題行動の背景にある場合があるため、厳しく叱責するだけではなく、少年の言い分を傾聴し、説得するのではなく納得を促すといった対応が望まれる。また、このような場合、児童虐待の関連もふまえる必要がある。

まず家庭において、善悪の区別や社会のルールなどについて、幼児期から親がしっかりとした躾(しつけ)を行っていくことが重要である。少年は成長するにつれ、家庭のほか、学校における友人や教師との交流が、その人格形成に大きな影響を与えるようになる。しかし最近では、学校への不適応を示す子どもが増えており、特に非行少年にこの傾向がみられる。周囲の大人が、成績だけでなく、その子の持つ長所や個性を見つけて、それを評価することが重要である。

少年非行に対する支援の在り方

近年、地域社会の問題として、価値観やライフスタイルの変容に伴う地域のつながりの希薄化や、他人の子どもに無関心であると点が指摘されている。以前は、地域の大人たちが、悪いことをする子どもにその場で注意するなどの、躾によって子どもたちが規範意識を身につけていく場面があった。

たとえ自分の子どもでなくとも、周りの大人がきちんと注意し、本人の自覚を促すことが重要であろう。非行少年に対する対応は、情緒的不安定さを理解したうえで以下の点が基本となる。大人たちが肯定的に話を聴くこと。本人は何を訴えているのかを聴くこと。賞賛できるところは躊躇(ちゅうちょ)無く賞賛すること。些細なことでもよいので期待している気持ちを伝えること。悪ぶったらそれを否定すること。話をしてくれたことに感謝の意を伝えること。

また、非行少年の指導の展開にあたっては学校全体で指導体制を構築し、組織的に取り組む、いわゆるチームケアが原則となってくる。必要に応じては学外の専門機関やスクールカウンセラー、スクールソーシャルワーカーなど、保健・医療・福祉専門職との連携もふまえながら教職員各々の役割を果たし、児童生徒への指導を通じた健全な成長、豊かな人間性の育成、さまざまな問題の

予防を図る視点が重要である。

3 虐待されている子の指導

虐待には、身体的虐待、性的虐待、ネグレクト、心理的虐待の4種類があり（児童虐待の防止等に関する法律、第2条）、厚生労働省はこれらの虐待についての防止対策として、① 虐待の発生予防、② 早期発見・早期対応、③ 子どもの保護・支援、保護者支援をあげている。これらはいずれも子どもではなく大人を対象にしての対策となっており、虐待を防ぐのは大人の責任であることが明白である。では大人である教職員は虐待の防止に向けて学校でどのようなことを行えばよいのか。ここでは「早期発見・早期対応」を主な観点として述べていく。

早期発見

教職員は身体的虐待についての早期発見を行いやすい。体育の授業があるからである。更衣した子どもたちの外観に注目したとき発見できる火傷や打撲によるあざ等は虐待の傾向を示す痕跡(こんせき)である。体育以外の教育活動においても教職員が意識を持っていれば子どもの身体上の変化を見逃すことはない。ネグレクトについても次のことに着目すればその疑いを持てる。欠席・遅刻が常態化している、激しく痩せてきた、身体や服装から異臭がするなどである。さらに心理的虐待についても、集中力や意欲が極端になくなってきた、友だち関係が急に変わった、他の子に対して粗暴な言動が増えてきたなどに気がつけば、そこに心理的虐待の兆候を捉えることができる。

早期対応

教職員が虐待を知ったときにすべき主なことは、関係諸機関への相談と通告（場合によっては関係諸機関と連携して子どもの一時保護）、子どもからの聞き取り、保護者への対応等である。このうち関係諸機関への相談と通告については、関係諸機関と学校との間に、子ども本人を守るという絶対的な共通認識が存在しているため迅速な対応をとることが可能となっている。

難しいのは子どもからの聞き取りと保護者への対応である。子どもは保護者が好きであり、保護者とのつながりを求めている。そのため保護者の行いについて教職員が聞き取りを行おうとしても、自分の話す内容が保護者の不利益になるかもしれないと本人が感じたときには多くを語ろうとしない。むしろ保護者を守ろうとする。また子どもが幼少の場合には保護者が行っていることの意

味を自分で把握しがたいのが実状である。さらに自分が悪いから罰を受けているのだと信じ込んでいる子もいる。子どもからの聞き取りを行う際にはこういった背景を踏まえ、子どもが思う保護者の優しさに教職員が共感しながらの対応が必要となる。

　保護者への対応は次のような保護者と対峙する場合に困難を伴うことが多い。子どもへの行為は躾や愛情の表現であるという認識を持つ保護者。自分たちの行為に対する学校からの責めを回避するために、子どもへの行為を躾や愛情の表現だとして自己防御しようとする保護者。保護者間（例えば父親と母親）の上下関係や認識の相違に起因する協力体制のなさと他の家族への責任転嫁が顕著な保護者。保護者の生活の困窮や多忙を理由に、自己の生活を優先させ子どもの生活実態に無関心な保護者。子どもの存在を心の拠り所とし、子どもの一時保護などで自分が1人になることへの恐怖を感じる保護者などである。このような保護者の、子どもへの行為を改善することは難しいが、子どもの安全・安心を最優先にした、学校と関係諸機関の連携による保護者対応で何とか打開策を見つけたい。

　最後に虐待の発生予防および保護者支援の観点からいえば、子どもの長所をもとにした保護者との情報交流、子育てに悩む保護者への情報提供などを行うことも教職員の1つの務めであることを述べておく。また保護者自身の被虐待体験に起因する虐待行為も考えられることから、このような場合には保護者自身へのカウンセリングなどを設定することも考えなければならない。

4　家出する子の指導

なぜ子どもは家出をするのか

　一般的に家出とは「正当な理由がなく、生活の本拠を離れ、帰宅しない行為」（文部科学省『生徒指導提要』、2010年3月）をさしている。2011年10月、警察庁生活安全局少年課の発表した「平成23年中における少年の補導及び保護の概況」によれば、**表8-1**が示すように、警察により発見・保護された家出少年は1万5917人であり、年齢別では14歳が2836人と最も多い。また、友人等と同伴で家出した少年は3312人となっている。家出の原因や動機を見てみると、本人自身の不安や悩み、怠学等の問題、保護者の過干渉・放任等の養育態度、家庭・地域・学校での人間関係の葛藤や不適応などが多く、そうしたトラブルから逃れようとする、いわゆる逃避型が目立っている。特に思春期は、自由や独立へ

表 8-1　家出少年の年齢別・同伴別状況

区分＼年齢	総数	6歳未満	6歳	7歳	8歳	9歳	10歳	11歳	12歳	13歳
家出少年（人）	15,917	174	78	123	139	231	329	449	853	2,057
うち同伴	3,312	83	27	45	41	60	108	118	205	527
同伴率（％）	20.8	47.7	34.6	36.6	29.5	26	32.8	26.3	24	25.6

区分＼年齢	14歳	15歳	16歳	17歳	18歳	19歳
家出少年（人）	2,836	2,574	2,208	1,632	1,147	1,087
うち同伴	691	527	326	248	153	153
同伴率（％）	24.4	20.5	14.8	15.2	13.3	14.1

出典：警察庁生活安全局少年課「平成23年中における少年の補導及び保護の概況」2011年10月。

のあこがれを持ちやすいため、こうした心性が家出に結びつきやすいと考えられる。

　近年では「プチ家出」といった言葉が象徴するように、学校や家庭での些細な喧嘩や揉め事から突発的に家出するが恒久的なものでなく、数日で戻ってくるといったケースが目立っている。しかし、家出中に誘拐される危険性もあるのと同時に、繁華街への出入りや出会い系サイト等の利用によって性犯罪の被害者になる等、保護者の心配が絶えない。また、不良交友の拡大や窃盗・恐喝・暴行・傷害などの犯罪の加害者になる場合もあり、薬物乱用などの危険性も懸念される。

家出する子の心理的側面とその対応

　児童養護施設に入所している児童の中に、家出経験をしている子どもが多数いる。児童指導員である筆者が、子どもたちと話をしていると以下のような理由がよく聞かれる。すなわち、①誰も助けてくれないという寂しさから生じてしまう孤独感、②激しい怒りを抑制することができずに、社会や他者を傷つける行為、③自分は存在しなくてもいいという無価値観、④苦しみの中から解放されず、自分の苦悩は永遠に続くといった思い込み、等である。

　何らかの原因があり、親を「心配させたい」や「何かを伝えたい」等の思いが高まったとしても、それを伝えるコミュニケーション能力が十分に育っていない場合、家出という行為に及ぶ。家出をしたということを叱ることも大事で

あるが、一方的に叱ってばかりでは逆効果で、子どもたちが家から逃げたい、家から出たいと思った理由は何なのかという事を検討し、家出の危険性を指導しつつ、子どもの心理的状況の理解に努める必要がある。こうした対応は愛情を持ってコミュニケーションを図ることから始まるが、具体的には、① 子どもが興味を持っていることを聞くなどして共感する、② 子どもが持っている価値観、また周囲への不満を真剣に聞く、③ 愛情表現は恥ずかしがらずに示す、④ お互いに歩み寄って尊重しあい、実現可能な最低限のルールを決めておく、等である。

　家出の発見後は、その対応として以下の4点を踏まえることが大切である。第1に、行為に至った心情や背景、家庭での様子や友人との交友関係を把握すること。第2に、課題を明確にする中で適切に教育相談等を実施すること。第3に、学校や家庭の環境を調整し、子どもの居場所を確保し、課題の解決にむけての支援を継続して行うこと。特に学校では、担任を中心として養護教諭、関係教職員等が協力して心のケアに努めるようにする。そして第4に、必要に応じて児童相談所・警察・病院等の外部機関との連携を図ること。児童相談所においては、今後の家庭状況へのアプローチ、一時保護の可能性等も視野に入れた家庭との連携を図る。何よりも、再発防止のため、子ども・家庭・学校・地域が協働して取り組めるように連携を強化する必要がある。

5　いのちの教育・自殺の指導

軽く、見えなくなる「いのち」

　いじめ自殺や凶悪な少年犯罪など、痛ましい事件が後を絶たない。背景の1つに、子どもを取り巻く世界の変容がある。リセットボタン1つで生き返るテレビゲームの世界と、現実の生身の人間との区別がつかず、祖父母の死に立ち会うことも少なく、死が遠いものとなっているのである。

　そのため、子どもに生命の尊さを教える「いのちの教育」は、ますます重要となっている。ここでは、「道徳教育」と「宗教教育」という観点から考察していくこととする。

教育活動全体における道徳教育での取り組み

　学習指導要領において、道徳教育の目標として「生命に対する畏敬の念」という文言が明記されており、道徳で扱う内容には「生命の尊さ」という項目が入っている。小中学校で週に1時間ある「道徳の時間」の授業で、いのちの教

育を取り入れることが、まずは重要である。重い病気を患った人が書いた生や死をとらえた文章や詩、障がいを持った人が懸命に生きる姿、大震災などの災害で失われた命に関する話などを題材として、児童生徒が話し合うという授業が、1つの典型的な例である。

道徳教育は、「道徳の時間」を要(かなめ)として、学校の教育活動全体で行われることになっている。いのちの教育については、小学校・中学校の理科において、植物や動物を題材として「生命を尊重する態度を育てる」「生命の連続性についての見方や考え方を養う」という内容がある。また中学校の保健体育科においては、生殖器の発育などの性教育を扱う。高等学校においては、道徳の時間はないが倫理において「人間とは何か」を深く考える機会がある。このような教科指導との連携も重視して、いかに教育活動全体で多種多様な角度から「いのちの教育」に取り組めるかが重要である。

宗教教育の大切さ

「宗教教育」を考えるにあたって、「宗教とは何か？」という定義をまずはおさえる。きわめて多くの定義があるが、「死および死後の世界を語ること[1]」というものが、1つの典型である。死を考えることは、生を考えることと表裏一体であるから、この定義に従えば、宗教教育はいのちの教育そのものと言ってもよいであろう。

教育基本法においては、公立学校において「特定の宗教のための宗教教育」は禁止されているが、上述の生と死についてのような「宗教的なものの見方、考え方、感じ方の教育」は、否定されていない。日本史や倫理などの教科学習で扱われる仏教やキリスト教についての知識と、道徳の時間におけるいのちの教育が、宗教教育という文脈で関連づけられるといったような、奥行きのある実践が、今こそ求められているといえよう。

6　不登校の子の指導

不登校の定義と現状

不登校といわれる子どもは、1960年代から都市部を中心に増え始め、当初は「学校恐怖症」と呼ばれていた。その後人数も増加して教育問題としてとらえられるようになり、「登校拒否」と名称が変わった。1990年代から人数のさらなる増加に加え、いじめや発達障害、保護者による虐待などが背景にある事例が増え、質的にも多様化が進み、2001年には13万9000人とピークに達した。そ

の後少しずつ減少しているが、これは少子化や中学校へのスクールカウンセラーの配置の増加も影響していると考えられる。それでも不登校の児童生徒数は2008年の文部科学省の統計では、小学校で2万2652人、中学校で10万3985人、中等教育学校（前期課程）168人で合計12万6805人となっている。

　現在では、病気や経済的理由を除いて年間30日以上欠席したことを不登校と呼んでいる。不登校についての文部科学省の定義は、「何らかの心理的、身体的、あるいは社会的要因・背景により、児童生徒が登校しないあるいはしたくてもできない状況にあること[2]」となっている。

　不登校の理由は個々の事例で異なるが、学業不振やうまく人間関係が築けないことによるもの、いじめや虐待によるものなどさまざまなものがある。2010年度における不登校の児童生徒の比率は、小学校が314人に1人であるのに対し中学校では35人に1人と増加している。不登校に陥りやすい時期としては中学校1年段階が多く、不登校に陥る生徒の多くは小学校時代にすでに不登校の兆候（長期にわたる欠席や遅刻早退、保健室登校）を示している。小学校ですでに不登校の兆候を示していた者は、中学校に入学した4月当初から欠席が目立ち始め、小学校で不登校の兆候を示さなかった者については、夏休み明けから欠席が目立ち始める。これは小学校では学級担任制であったが、中学校では教科担任制であることなど、教育体制や学校の雰囲気が異なるなど、不慣れな環境の下で上手く中学校生活に順応できないことによると考えられる。

不登校の子の指導

　「不登校の児童生徒に対する指導は、その子が社会的に自立できるように援助することが最終目標である」（文部科学省『生徒指導提要』、2010年）。不登校の指導に当たっては、「心の問題」としてのみとらえるのではなく、広く「進路の問題」としてとらえることが大切である。不登校の児童生徒が、各々の個性を生かして社会に参加しながら、充実した人生を過ごしていくための道筋を築いていく活動を援助する。例えば、教師と同じ本を読んで感想を語り合う活動や、高齢者施設でのボランティア活動などである。

　神経症的な不登校に対しては、学校に行くことを強制するのではなく「待つこと」を重視するという考え方があったが、しかし昨今は不登校の裾野が広がり、心理的な問題だけでなく、いじめなどさまざまな原因があるので、不登校の児童生徒がどのような状態にありどのような援助を必要としているのか、その見極めを行ったうえで、適切な働きかけや関わり方をもつことが大切にな

そのために、学校全体の指導体制の充実を図ることがまず重要である。校内で情報を共有し、教師1人1人が児童生徒に対する共通理解の姿勢をもって、子どもの気持ちに共感しながら一貫した指導・援助にあたる。同時にすべての児童生徒にとって居心地のいい場所となる学校をつくることが大切であり、小中学校の連携も重要になる。また、教育支援センターや児童相談所など専門的な公的機関のほか、民間施設やNPO等とも積極的に連携し、相互に協力しつつ対応にあたることが重要になる。さらに児童生徒が学校外の施設や専門機関にいる時や家庭から出られない時も、自らの学校・学級の一員として関係の糸が切れないように不登校児童生徒やその保護者とのかかわりをもち続けることが大切である。

7　授業中に私語をする子の指導

授業中に私語をする場合について次の事例で考えてみたい。

- a 授業者が課題を提示している時に、その指示を聞けずに、後ろを向いておしゃべりをしているA君、「今はしっかり話を聞くときだよ」と注意を促すと、ハッとして自分の行動が間違っていたことに気づき、おしゃべりをやめる。
- b 何度、注意をしても私語をやめず、授業とは関係のない話をして数名で盛り上がるBさんとその仲間たち。
- c 授業者の問いかけについて、自分の考えを声に出してつぶやくC君。それにまつわるエピソードも話したい。だれに話しかけるでもなく、ぶつぶつつぶやいている。
- d 授業中に指示された課題についてはすでにできあがっているD君、次に何をやるのか特に指示が出ていないので、暇を持て余している。そこで周囲の生徒と休みの日に遊びに行く相談をしている。
- e 以前から、授業者との人間関係がよくないEさん。授業中は指示を聞かずに、隣の子とおしゃべりを続けている。同じことをしていても、自分ばかりが叱られると思い込んでいる。この授業は真剣に取り組まないと決めてしまっている。

具体的な考え方

私語をする生徒には次のような背景が考えられる。前記 a 〜 e の行動の原因と関連する項目を（　）内に記している。

① 授業に興味がもてない。授業の内容がわからない。(a、b)
② 先生との人間関係がよくない。先生に不満がある。(b、e)
③ 基本的な授業ルールが身についていない。(a、b、d)
④ 自己コントロールが苦手である。(a、b、d)
⑤ 家族関係、友人関係に問題が生じた。(a)
⑥ 発達障害（LD、AD/HD など）がある。(a、b、c)

授業中に私語をする児童生徒がいる場合、まず指導者は自分の指導を振り返り、私語の原因を深く洞察する必要がある。そして、教材が児童生徒にとって興味・関心のある内容であるか、授業規律を児童生徒に徹底することができているかを反省しなければならない。また、授業づくりの観点では、児童生徒と教師、児童生徒同士の対話のある授業を進めていく必要がある。関係のない話をする時間を子どもに与える授業の組み立てを見直していかなければならない。

『生徒指導提要』（文部科学省、2010年）では、教育課程における生徒指導の位置付けとして２つの側面が大切であると記されている。１つは、各教科等における学習活動が成立するために、児童生徒が落ち着いた雰囲気の下で学習に取り組めるよう、基本的な学習態度の在り方等についての指導を行うことである。もう１つは、各教科等の学習において、児童生徒が、そのねらいの達成に向けて意欲的に学習に取り組めるよう、個を生かした創意工夫ある指導を行うことである。

対応の基本

私語が続いていて、注意をしても聞かないときは問題行動につながるサインと捉えることができる。その子どもの生活背景を考えたとき、授業に集中できない理由があることも考えられる。そういった場合は授業が終わってから、放課後、休み時間などにその子に声をかけ、悩みを聞いてみることもよい。

授業ルールとしては、教師や友だちが発言しているときは、その人を見てしっかりと話を聞くという基本的な授業に対する姿勢を常日頃から注意していくことで、教室はすべての児童生徒が安心して過ごせる場となる。

また、私語の中身をよく聞いていると授業の内容に関連するようなこともあ

るので、授業中に児童生徒の様子をしっかりと観察し、注意の仕方を工夫する必要がある。発言を待ち切れずについ答えをつぶやいたり、隣の友だちに授業とは関係のないことを言っている場合もある。悪気もなく、しゃべりやすい友達と雑談を繰り返す場合には、授業者がその子の座席を移動させると落ち着く。移動した位置で共に学習に取り組むペアの児童生徒がその子のフォローをし、授業中の課題に真剣に臨むようになる。できればペアは異性が望ましい。そのためには、男女が市松模様に配置される座席にすると有効である。いずれの場合も授業者と生徒との間に深い信頼関係を築いていくことで解消される。

　他にも解決策としては、その子との間で具体的な合図を決めておくという方法もある。例えば授業者が指を口に当てるか手の平を見せたら静かにし、できていたらそれを認めていく。できたことを認めることで、成功例の体験を積み重ねさせる。

　もしも、その子が悪態をつく場合は、決して見過ごさない。叱るのではなく、表現の仕方を変えて伝わるように話す方法を伝える。

　また、授業形態を工夫し、グループ学習を取り入れる。活動する時間は内容について友だちに質問してもよいとしたり、友だち同士で意見を交換する時間を設けるようにし、しっかり聞く時と相談をしてもよい時間のメリハリをつけることも有効である。改善できているときは、その行動を認め、プラスの言葉をかけ、持続させるように促したい。

8　ひきこもりする子の指導
ひきこもりとは
　ひきこもりについて厚生労働省の定義では、「ひきこもりとは、さまざまな要因の結果として、社会的参加（義務教育を含む就学、非常勤職を含む就労、家庭外での交遊など）を回避し、原則的には6か月以上にわたって概ね家庭にとどまり続けている状態（他者と関わらない形での外出をしている場合も含む）」としている。

ひきこもりの要因と状態
　本人の性格や親の養育姿勢などの要因だけでひきこもりが生じるわけではないといえる。例えば、いじめなどの辛い経験が原因となって外出や乗車を回避するようになったケース。登下校時の体調不良や対人への不安があるケース。顔が真っ赤になる不安による赤面恐怖症、他人からの視線を恐れる視線恐怖症、自分が臭いと思いこむ自己臭症などの神経疾患があるケース。「なんとな

く……」と本人にも理由がはっきりしないケースなどがある。

　いずれの場合にも、将来への希望や目標がみえにくいことから本人の気持ちが不安定になり、最も身近な存在であるはずの家族との会話や親の善意さえも拒絶するという可能性がある。またひきこもりする子は夜中に活動することが多いため昼夜逆転の生活を送ることがある。中には、周囲の者から自分は見放されてしまうのではないかという焦りや不安を持ち、それから逃れるために周囲との接触を避け昼夜逆転に陥る子もいる。健康面でいえば、腹痛や下痢、頭痛等の体調不良、あるいは過食や拒食などの食行動を示す子もいる。

ひきこもりする子への対応

　教師や保護者が対応するときは、本人が持っている劣等感部分に触れない話題にする。将来の話、学校の話、同世代友人の話などは避け、本人から距離のある話題、時事問題、芸能界、趣味の話題などを選ぶ。世間ではこれが当たり前だ、そんなことでは通用しないなどといった話し方や皮肉、嫌味なども避ける。またこのような接し方は家庭内暴力の原因となりやすい。

　ひきこもりの支援においては直接の面接以外に、メールを用いる、短いメッセージを家族に託す、電話で話すなどの工夫を取り入れる。すぐに改善につながるとは限らないが、関係を維持・持続するという点でしばしば有効となる。

　また、専門機関や関係NPO、ボランティアとの連携・協働を図ることが重要である。

ひきこもりと不登校

　図8-1「東京都ひきこもりの実態等に関する調査（若年者自立支援調査研究、2008年）」の結果からは、ひきこもりの状態になった原因として「不登校」（小・中・高校）が上位にあること（グラフ1）、ひきこもりの状態になった時期として「25～27歳」に次いで「13～15歳」が多いこと（グラフ2）がわかる。

　また、厚生労働省「ひきこもりの評価・支援に関するガイドライン」（2010年）には、「義務教育年限の不登校から一定の比率に青年期以降のひきこもりが出現しており、不登校のうちにはひきこもりと関連性が強い一群が確実にある」とある。

　こういった不登校とひきこもりの関連に注目するとき、不登校段階での適切なアプローチや支援が、ひきこもりを減少させるための1つの重要な要素であることがわかる。

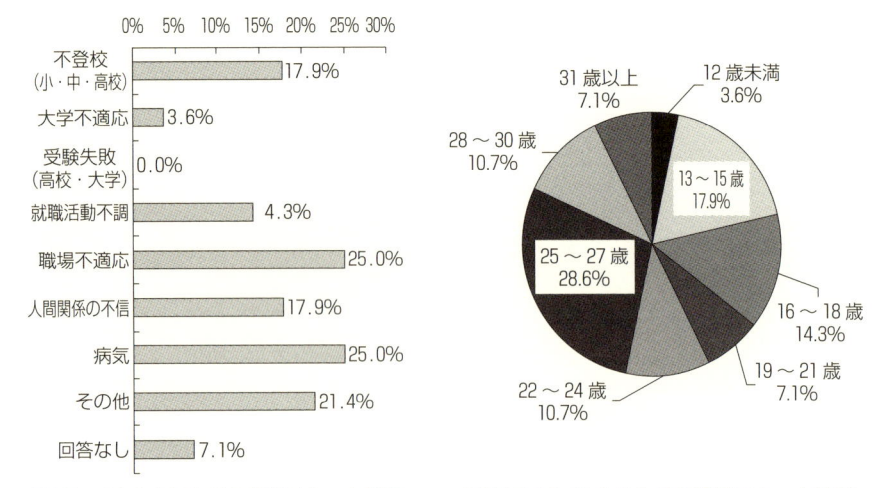

（グラフ1）ひきこもりの状態になった原因

- 不登校（小・中・高校）: 17.9%
- 大学不適応: 3.6%
- 受験失敗（高校・大学）: 0.0%
- 就職活動不調: 4.3%
- 職場不適応: 25.0%
- 人間関係の不信: 17.9%
- 病気: 25.0%
- その他: 21.4%
- 回答なし: 7.1%

（グラフ2）ひきこもりの状態になった時期

- 12歳未満: 3.6%
- 13～15歳: 17.9%
- 16～18歳: 14.3%
- 19～21歳: 7.1%
- 22～24歳: 10.7%
- 25～27歳: 28.6%
- 28～30歳: 10.7%
- 31歳以上: 7.1%

図8-1　東京都ひきこもりの実態等に関する調査

出典：若年者自立支援調査研究（2008年）。

9　キャリア教育・進路指導

キャリア教育のはじまり

　キャリア教育は、1970年代のアメリカで人間の生き方を考える中で進路や職業観を学ぶ教育改革運動として始まり、学校教育界を中心に広まった教育分野である。その教育内容は、学校教育から社会生活への接続である進路指導や、職業に必要な技術や知識の習得に重点を置く職業教育が含まれ、子どもの各発達段階や教育の諸活動を広く対象にしているとされる。多様な用法があるキャリア教育の語義は、2004年1月の文部科学省「キャリア教育の推進に関する総合的調査研究協力者会議報告書——児童生徒一人一人の勤労観、職業観を育てるために——」において、「児童生徒一人一人のキャリア発達を支援し、それぞれにふさわしいキャリアを形成していくために必要な意欲・態度や能力を育てる教育」であると定義されている。

進路指導の内容と現状

　このようなキャリア教育の中に位置づけられた進路指導は、生徒自らが自分の将来の進路や就職の計画を立てて、適切に選択して決定していくための能力を育てることを目的として、学校教育の中で体系的・組織的に取り組む教育活

動をさしている。進路指導は主に特別活動の中に位置づけられており、中学校学習指導要領の該当箇所では、学業と進路の内容として「学ぶことと働くことの意義の理解」「進路適性の吟味と進路情報の活用」「望ましい勤労観・職業観の形成」「主体的な進路の選択と将来設計」が示され、また高等学校でも同様の内容がさらに踏み込んだ表現で示されている。学校教育活動の中で生徒指導と強く関連する進路指導は、学校経営や学級経営に明確に位置づけて、全教職員の共通理解を図りながら指導に当たるとともに、保護者や地域の関係者にも理解と協力を得ることが重要である。

　進路指導の1つである進学の状況は、徐々に変化を見せている。文部科学省2011年度学校基本調査によると、高等学校進学率は2011年度には98.2％に達しており、同年度の大学等進学率は53.9％、専修学校進学率は16.2％である。このような現状における中学校と高等学校の進路指導は、実質的に進学指導の色合いが濃いものとなり、十分な職業観の形成には至っていないとの指摘も聞かれる。大学段階で改めて自分自身の将来設計や適性を真剣に考える機会を得る学生も少なくなく、その意味で本格的なキャリア教育は大学を中心とした高等教育の中に移ってきているともいえる。

キャリア教育の課題

　専門分野が明確に区分される大学では、キャリア教育も具体的な職業と直結しているが、卒業時にいわゆる定職に就かない学生も増えている。前述の報告書は、アルバイト、パートタイムなどの非正規雇用形態であるフリーター志向の広がりや、「働いていない、学生でもない、職業訓練も受けていない者」（Not in Education, Employment or Training）を意味するニートの増加、就職後の早期離職などの職業意識の変化や労働問題の顕在化を取り上げ、その背景に少子高齢社会の到来、産業・経済の構造的変化、雇用の多様化や流動化などの社会的変化を要因としている。そして、これらの問題の対策として、若者の社会人・職業人としての自立を育てるキャリア教育の重要性を説いている。文部科学省・中央教育審議会答申「今後の学校におけるキャリア教育・職業教育の在り方について」（2011年1月）は、「完全失業率約9％、非正規雇用率約32％、無業者数約63万人、早期離職者高卒4割、大卒3割」という日本社会の現状を、「学校から社会・職業への移行が円滑に行われていない」、「社会的・職業的自立に向けてさまざまな課題がみられる」として、家庭や地域、経済界などと一体となった取り組みが必要だとしている。世界的な経済危機や産業構造の変化を背景と

した雇用市場の悪化の中で、キャリア教育と並んで示されている「生涯学習の観点に立ったキャリア形成支援」の提言は、これまでにない現状打開の視点として注目されるものである。

10 摂食障害のある子の指導

摂食障害への誤解

　摂食障害は誤解が多い疾患である。日本では精神疾患全般にわたって理解が少なく偏見が多々残っており、未成年に多い疾患としては特に摂食障害にこの弊害が目立つ。それは「食」という生きていく上で根本的な行為と関わっているからである。摂食障害はリストカットなどの自傷行為や他の精神疾患を併発している場合も多いが、それらは一般の人々には身近ではないと思い込まれている。しかし人々は毎日「食」とは向き合っているからこそ、特に拒食に関して「なぜ食べられないんだ」、「食べものがなくて困った時代もあったのに」、「この飽食の時代に食べないとはなんてぜいたくな」と、摂食障害に苦しむ人に追い打ちをかけてしまう。「食べる」という行為があまりにも日常的であるがゆえに、偏見を正す機会を持ちにくいのだ。それは学校現場で働く教師たちも同じである。日本で摂食障害に対する正しい知識が広がりはじめたのはわずかここ15年たらずのことであり、教師の多くは摂食障害について正しく学ぶことがないままに教師になっている。教師自身がまず誤解を解く必要がある。

『生徒指導提要』における摂食障害

　『生徒指導提要』では、第3章第3節「青年期の心理と発達」の「(8) 身体像の形成」において摂食障害についてとりあげている。まず「② 身体像の低下」として、自らの身体に対する自己評価が下がる問題を指摘し、特に女子における痩身傾向が小学校高学年でも4割という深刻さを紹介している。そして思春期から青年期に好発する病気として「③ 摂食障害」と独立した項目で詳しく説明している。拒食期と過食期がある神経性無食欲症と過食・嘔吐を反復する神経性大食症を合わせて摂食障害と紹介し、特に拒食について完璧主義な性格や自己批判的傾向、自己像が歪んでいる、などを指摘している。さらに親子関係に原因を求めるこれまでの考え方を否定し、「痩せ礼賛」といった近年の動向を紹介して、「生徒の指導に当たり、体重や身体イメージや食行動に注意を払う必要がある」と締めくくっている。

　その一方で第6章「生徒指導の進め方」のコラムで文部科学省が2006年より

推進する「早寝早起き朝ご飯」国民運動を紹介している。「早寝早起き朝ご飯」の重要性はこれまでも指摘されているところではあるが、摂食障害に配慮せずにこの運動を推進すれば摂食障害の児童生徒をさらに追い込むことになりかねず、注意が必要である。思春期における精神疾患、特に摂食障害を専門とする精神科医であり、元衆議院議員である水島広子は、摂食障害については「間違った思い込み」があるといい、正しい知識を持つことが着実な回復につながるという。その一部を紹介する。

- 摂食障害は「ゆきすぎたダイエット」ではなく病気である。
- 摂食障害は正しい知識をもって治療に当たれば治る病気である。
- 「母親の育て方が原因」という考え方には要注意。
- 摂食障害になるとパターン化する悪循環、特に自分を責める悪循環から抜け出す。
- 感情を利用して摂食障害から抜け出す(理屈だけですまさず気持ちを大切に)。
- 家族が作り出す悪循環から抜け出す(間違った善意が患者をさらに追い詰める)。
- 摂食障害の治療過程で、患者自身がさまざまなことに気づき成長しようとすること。

摂食障害の児童生徒に対する学校現場の対応

繰り返しになるが、学校現場において摂食障害の児童生徒に対応するためにはまず教師たちが正しい知識を身につけることが重要である。摂食障害は不登校につながる場合も多く、最悪は命にかかわる。一方で日本においては摂食障害を専門とする医療機関がまだ少ない上に、摂食障害は本人が病気だとは認めたくないために受診を渋るのも特徴である。ただでさえ摂食障害は治療に時間がかかるにもかかわらず、受診が遅れて治療が長期化することも珍しくない。摂食障害をさらに悪化させるようなことがないように栄養教諭や担任、養護教諭が接する必要がある。給食の際の対応、特に保健室で食べるなどの方法も重要であるし、進学の際の申し送りなども欠かせない。

摂食障害は近年になって小学生やこれまであまり見られなかった男性にも広がっており、世界的にも問題の認識が広がりつつある。世界的に有名なファッション誌の1つであるVOGUE(ヴォーグ)誌は、2012年6月より「痩せすぎ」モデルを起用しないと発表した。まだささやかな試みではあるが、社会全体の痩せ重視の価値観を変えるきっかけとなることが期待される。摂食障害の患者

に対応すると同時に、摂食障害の患者が1人でも減るような社会を希求することもまた求められているのである。

11　貧困（格差と生徒指導）の問題を抱える子の指導

「一億総中流社会」という神話

日本の大多数の子どもは「貧困」状態とは無縁であると理解されてきた節がある。事実、「貧困」を目の当たりにし、当事者意識を感じる機会は少なかったと言えよう。しかし、「一億総中流社会」は、もはや過去のものとなりつつある。子どもの貧困をめぐる問題状況は、特殊かつ例外的な事柄ではなく、日常的かつ身近にある問題として認識すべき段階に至っているのである。

子どもの相対的貧困率

子どもの貧困とは、「子どもが経済的困難と社会生活に必要なものの欠乏状態におかれ、発達の諸段階におけるさまざまな機会が奪われた結果、人生全体に影響を与えるほどの多くの不利を負ってしまうこと」を指している[3]。

2011年7月、厚生労働省は、全年齢と18歳未満の子どもの相対的貧困率の推移（1985-2009年）を公表した（図8-2）。ここでの「相対的貧困率」とは、OECDによる相対的貧困率の定義に基づいたものであり、世帯人数で調整した世帯員全員の合算の等価世帯所得（直接税や社会保険料納入後、公的年金、生活保護、子ども手当、児童扶養手当などの社会保障関連の給付後の手取り所得である「可処分所得」）が、

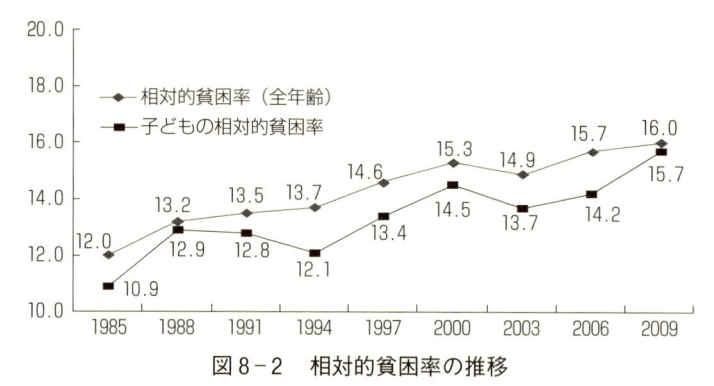

図8-2　相対的貧困率の推移

年	相対的貧困率（全年齢）	子どもの相対的貧困率
1985	12.0	10.9
1988	13.2	12.9
1991	13.5	12.8
1994	13.7	12.1
1997	14.6	13.4
2000	15.3	14.5
2003	14.9	13.7
2006	15.7	14.2
2009	16.0	15.7

出典：厚生労働省「平成22年国民生活基礎調査の概況」（http://www.mhlw.go.jp/toukei/saikin/hw/k-tyosa/k-tyosa10/）、「なくそう！子どもの貧困」全国ネットワーク編『大震災と子どもの貧困白書』かもがわ出版、2012年より転用。

貧困線（等価世帯所得の個人単位の中央値の50％）を下まわる世帯に属する個人の割合のことを指している。2009年の場合、貧困線は1人世帯では124.7万円、2人世帯では176.4万円、4人世帯では249.5万人となっており、この貧困線を下まわる世帯が「貧困」状態にあると理解されることになる。また、18歳未満の子どもの相対的貧困率は、全子ども数のうち等価世帯所得が貧困線を下まわる世帯に属する子どもが占める割合を示している。

　上記データによれば、2006-2009年の全年齢層の貧困率は15.7％から16.0％へ、子どもの貧困率は14.2％から15.7％と上昇傾向で過去最悪となっている（実数で約323万人に相当、6-7人に1人の子どもが「貧困」状態）。また、他の分析からは、母子世帯の貧困率は他の世帯形態（夫婦と未婚子世帯、三世代など）と比べて依然として突出して高い水準にあること、世帯内での最高学歴者が中卒の子どもは高い貧困リスクにさらされていること、子ども数別では子ども3人以上の多子世帯の貧困リスクが顕著に高いこと等が指摘されている。さらに35カ国の国際比較によれば、日本の子どもの貧困率は、ルーマニア、アメリカ、ラトビア、ブルガリア、スペイン、ギリシア、イタリア、リトアニアに続き9番目に位置し、世界的に高い水準にあることも明らかとなっている。[4]

子どもの貧困と生徒指導

　子どもの貧困は子ども自身に責任はなく、政府の政策的関与なしには完全には解決し得ない社会問題ではある。しかし、貧困状態が、子どもの学力、子育て環境、健康状態、子どもへの虐待、非行、学校における疎外感、ストレス、親子関係等のデータと強い関係性を有していることが近年さまざまなデータから明らかとなりつつある。[5]学校としては、学校事務職員も含め学校組織一丸となって貧困問題に対峙していく方針と姿勢を確認することが先決となる。そして、子どもがいかなる家庭環境や経済状況に置かれながら日々の学校生活を過ごしているのか、子どもの表情だけからは読み取ることのできない切実かつ深刻な状況を真摯に把握していくことがまずは肝要となろう。

12　無理解な保護者（いわゆる「モンスター・ペアレント」）の指導

『生徒指導提要』における「保護者とのかかわり」と保護者の類型

　まずは文部科学省『生徒指導提要』（2010年。以下『提要』）における保護者対応について概観しておこう。『提要』では第5章に「教育相談における保護者とのかかわり」として保護者対応がまとめられている。教員にとっての重要な

協力者であるはずの保護者との信頼・協力関係が近年揺らいでおり、「相互不信感」や「敵対感情」まで漂う「難しい」状況であるという。

保護者対応が難しくなる状況として『提要』では、「我が子の問題を認めず学校批判をする」、「教育に不熱心」、「被害感が強い」、「価値観が教員と大きく隔たる」などが挙げられている。ここでは読者の便宜のために、問題となる保護者の類型についても紹介しておこう（表8-2）。

「難しさ」の背景

『提要』では「難しさ」の背景として、ア．（保護者の）ゆとりのなさ、イ．親行動を学び、身に付ける機会のなさ、ウ．生じている問題の重さ、エ．価値観の多様さ、を挙げている。そしてこれらに加えて「教育の市場化（商品化）」という問題も研究者によって指摘されている。小野田正利[6]や、内田樹[7]においては、①一方的な顧客（児童生徒・保護者）優位の感覚が醸成されていること、②学ぶ側が教育を「取引される物」とみなし「受けるに値する教育」しか受けようとしないこと、が主なポイントとして挙げられている。何を学ぶか、どう学ぶか、また学校はどのようなサービスを提供すべきかは、消費者のニーズによって決定されるもの、という感覚が学校にも浸透しているのだと言えよう。また広田照幸は親の子どもに対する意識の変化として、「子どもの価値の高まり」があると指摘している[8]。

以上の背景から「未熟な親が増えたことによって学校への過剰な要求が行われるようになった」という構図ではなく、「子どもへの関心が高まり、顧客意識を強く持つ保護者が、子どもの教育における強い発言権を持つようになった」という構図を検討してみる必要があると思われる。

表8-2 無理解な保護者の類型

尾木直樹の分類	嶋﨑政男の分類	
我が子中心型	子どもベッタリ方（溺愛型）	自尊型（自尊感情過多）
ノーモラル型	敏感・神経質型（敏感型）	関係保持型（依存型）
学校依存型	欲求不満解消型	攻撃型（愉快犯型）
育児放棄（ネグレクト）型	理解不能型（混乱型）	問題指摘型（善意）
権利主張型	利得追求型	無クレーム型

保護者対応における留意点

　保護者とのかかわりでは、問題が発生する前からの保護者との信頼関係構築が最重要視される。こまめな連絡を行うことなど、保護者から見て「我が子は学校でよくみてもらえている」と感じられるようにすることが肝要である。だが教員が誠意や良心をもって対応するだけでは限界があるケースもみられる。

　一般的な対応が難しい場合の専門職（弁護士、スクールソーシャルワーカーなど）との連携や、訴訟保険などについて知っておくことも、いざという時のためだけでなく、日頃の対応に余裕を生むことに役立つと思われる。そして不幸にして精神的に追い詰められた場合に相談できる専門家や病院を知っておくことも、場合によっては必要だろう。中には保護者やその関係者に圧倒されて、管理職までもが冷静さを失う事案すら発生する。そのような場合に備えておくことも必要となっているのが、学校の現状である。

　以上、若干の対策について述べたが、そもそも人間同士の関係には厚い信頼に基づく関係もあれば、薄氷を踏むような思いで日々過ごすような関係もある。そのどちらも日々の仕事の中で深く経験し続けるのが教員という仕事である。まずはそういう現場であると覚悟して臨むことこそが、教員には求められているのかもしれない。

13　小1プロブレムの指導

小1プロブレムとは

　小1プロブレムとは、「子どもが社会性を十分に身につけることができないまま小学校に入学することにより、精神的にも不安定さをもち、周りの児童との人間関係をうまく構築できず集団生活になじめない状態」（文部科学省「子どもの徳育の充実に向けた在り方について（報告）」2009年）をいう。

　その具体的現象には、次のようなものがある。授業中じっと座っていられずに歩き回わる。床に寝ころんで騒ぐ。周りの子の持ち物を壊してまわる。思い通りにならないことがあると大声で泣きわめく。周りの子に暴言を吐き暴力をふるう。先生が「運動場に出よう」と言っても「イヤだ」と動かない。このようなさまざまな状態が数カ月間継続するのである。入学したばかりの時に学校生活に適応できない子どもたちは以前からもいたが、今は「小1プロブレム」という用語を使用しなければならないほど多発し深刻化している。

学級集団の指導

「小1プロブレム」の指導において教師が第1にすべきことは、子どもとの信頼関係を築くことである。それは、教師への信頼感こそが子どもの精神的不安や動揺を和らげるからである。次に、個々の子どもが集団の中に入っていけるように支援し、集団で活動することの楽しさを少しずつでも味わわせていく。集団活動することでトラブルが起きることも予想されるが、その中でどのように解決していくかを学ばせていくことが重要である。いくつものぶつかり合いを乗り越えていけるよう指導支援していくことで自分と違う価値観を受け入れられるようにさせる。多くの関わり合いや対人スキルを身につけさせることで集団の中にいることの楽しさを感じさせ、次の活動への意欲をもたせ、安心して集団と関わっていけるようにさせる。このような学級集団の指導を行っていくことにより、子どもたちの不安や動揺が徐々に取り除かれていくと考える。

保・幼・小の連携

「保・幼・小連携」には、子ども同士の交流と、教職員間の交流という2つの側面がある。いずれも1人1人の子どもの発達や学びのつながりを理解し合い、継続して子どもの育ちや学びを支援しようとするねらいがある。

保育所(園)・幼稚園から小学校へ接続する際、子どもの成長と発達は連続しているのであるが、保・幼と小学校との教育方針・内容についての相互理解不足があると、その生活や学びの「段差」が大きくなる。この問題の解決に向けて、保・幼・小の連携した取組みが特に重要となる。小学校としては、就学前より保育所(園)・幼稚園と小学校との交流活動を活発にすることで、職員間の連携および幼児の実態把握に努めることが大切である。次に具体的事例を挙げる。

- 行事や生活科・総合的な学習の時間などの授業に幼児を参加させ一緒に活動をさせることによる幼児の実態把握。
- 施設の開放等により、継続的に連携や交流を行うことによる幼児の実態把握。
- 保育参観や授業参観を相互に実施したり教師・保育士合同研修会を開催したりして情報の共有化を図り、教育方針・内容についてお互いの理解を深める。

写真8-1　就学前の子どもたちを小学校に招待

・保・幼・小合同の講演会や学習会を開催することにより協働体制づくりをすすめ実践に生かす。

参考として保育所保育指針、幼稚園教育要領、小学校学習指導要領における保・幼・小の連携に関する記述を、次（表8-3）に挙げておく。

今後の課題としては、連携からさらに踏み込みこんで保育所（園）、幼稚園、小学校間での指導方法のギャップを少なくすることや、子どもたちが円滑に小学校に慣れるためのカリキュラム編成を工夫することが重要であると考える。

近年、公立幼稚園募集要項に小学校教諭免許取得を条件としている都市もある。学生にとっては学習内容が増加するが、両方を学ぶことが大切であるといえる。

表8-3　保・幼・小の連携に関する記述

保育所保育指針（2008年3月）第4章1（3）のエ（ア）
子どもの生活や発達の連続性を踏まえ、保育の内容の工夫を図るとともに、就学に向けて、保育所の子どもと小学校の児童との交流、職員同士の交流、情報共有や相互理解など小学校との積極的な連携を図るよう配慮すること
幼稚園教育要領（2008年3月）第3章第1の2（5）
幼稚園教育と小学校教育の円滑な接続のため、幼児と児童の交流の機会を設けたり、小学校の教師との意見交換や合同の研究の機会を設けたりするなど、連携を図るようにすること
小学校学習指導要領（2008年3月）第1章総則第4の2（12）
小学校間、幼稚園や保育所、中学校及び特別支援学校などとの間の連携や交流を図る

14　中1ギャップの指導

小6から中1にかけての問題行動・不登校の増加

　次の2つのグラフは、2012年2月に文部科学省が公表した「2010年度『児童生徒の問題行動等生徒指導上の諸問題に関する調査』について」に掲載されているものである。

　図8-3のグラフは「いじめの発生件数」を表している。小学校6年から中学校1年にかけて2倍以上の増加が見られる。また、図8-4のグラフは「不

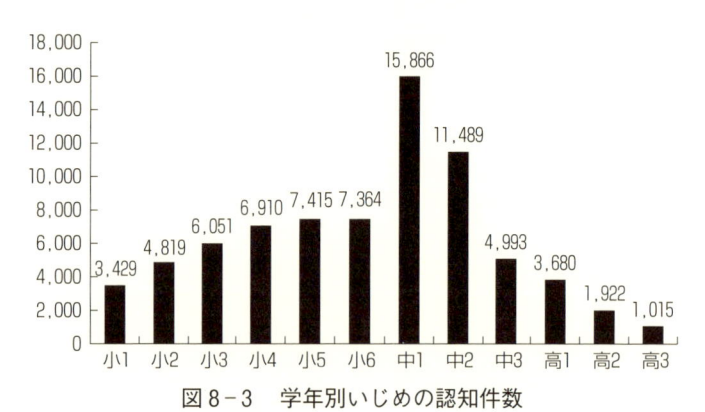

図8-3　学年別いじめの認知件数

小1: 3,429　小2: 4,819　小3: 6,051　小4: 6,910　小5: 7,415　小6: 7,364　中1: 15,866　中2: 11,489　中3: 4,993　高1: 3,680　高2: 1,922　高3: 1,015

出典：2010年度文部科学省調査（2012年）。

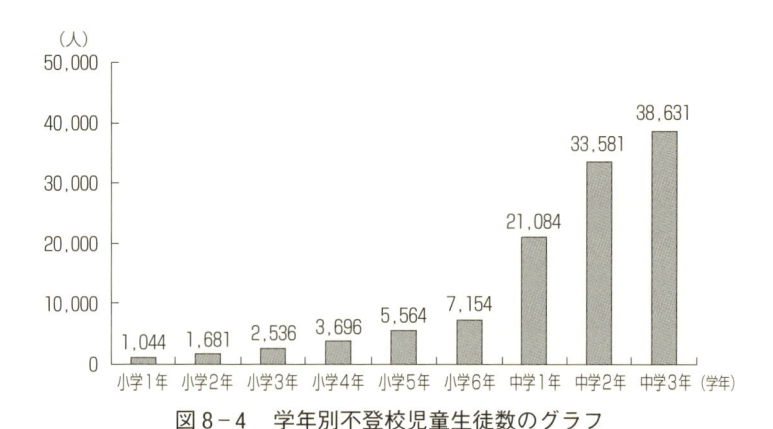

図8-4　学年別不登校児童生徒数のグラフ

小学1年: 1,044　小学2年: 1,681　小学3年: 2,536　小学4年: 3,696　小学5年: 5,564　小学6年: 7,154　中学1年: 21,084　中学2年: 33,581　中学3年: 38,631

出典：2010年度文部科学省調査（2012年）。

登校の児童生徒数」を表しており、小6から中1にかけて3倍に増えている。このような小学校6年から中学校1年にかけてのいじめの発生件数や問題行動・不登校児童生徒数等の急激な増加は、小学校から中学校への大きな環境の変化や小・中学校の教師の授業観・評価観の違いなど小・中学校間の不連続性が原因であると考えられており、これを「中1ギャップ」と呼んでいる。

中1ギャップの原因

小学校は学級担任制が基本であり、各教科のテストも単元ごとに行われることが多い。中学受験をする児童もいるが、どの子も中学校への進学が約束されている。授業も各児童の特徴を把握している教師が丁寧に進めている。それに対して、中学校は教科担任制であり、テストは広い範囲から出題される。義務教育の修了は、自らの進路先の確保を余儀なくする。授業内容も多くなり、授業の進度も速くなる。部活動に参加する生徒も多いが、「先輩・後輩」という異年齢間の対応を迫られる。と同時に、思春期特有の成長に対する不安や大人への成長のとまどいもある。

小学校から中学校への進学の段差は、一面、生徒の成長にとって必要なものであるが、生徒の中にはこの段差を乗り越えられず、問題行動に走ったり、不登校に陥る場合もある。先に述べた小・中学校の文化の違いは、小・中の教職員間の意識の違いを生み出し、児童生徒の戸惑いを拡大する。親しい友人、教員等の支えがなくなり、周囲の仲間から認めてもらえない、学習、部活動についていけない、自己の理想と現実の自分との違いに悩む、新しい人間関係がつくれない、このようなことが自己有用感の喪失を生み、中1ギャップを引き起こす。

中1ギャップの解消に向けて

中1ギャップの解消のためには、思春期の繊細な内面へのきめ細かな対応が必要である。そのために、複数の目で捉え、対応するための情報集積とその活用システムが必要となる。生徒に内省ノートを書かせたり、生活アンケートを実施する、心の健康チェックをする、さまざまな学校生活場面での観察をする、などにより、個人ファイルの作成と更新をし、サポートのためのケース会議等に活用する。一方、スクールカウンセラー・適応指導教室そして関係諸機関と連携し、生徒の出身小学校ともつながっていく。また、本人の人間関係づくりの能力（社会的スキル）を育成する取組も重要である。

現在、国内各地で中1ギャップの解消のために大きな成果をあげていること

の1つが、小中連携、一貫教育である。

小中連携、一貫教育

小中一貫教育とは、「小学校教育と中学校教育の独自性と連続性を踏まえた一貫性のある教育」を言う（西川信廣）。すでに、2006-2007年に教育基本法と学校教育法等が改正され、新たに小・中学校の9年間を見通した義務教育の目的・目標が規定されている。小中連携、一貫教育の推進の中で、中学校区でめざす子ども像が明らかにされ、小・中の接続を意識したカリキュラムの作成と小・中の教員の合同授業や交換授業により、児童生徒の学びの連続性を意識した取組が進められ、生徒の学力の向上にも一定の成果を生んでいる。構造改革特別区域や研究開発学校からスタートした小中一貫校が全国各地に誕生し、広がりを見せ、中1ギャップの解消に一役買っている。

15 クラス内の人間関係の指導

クラス替えの宿命

クラスは子どもにとって、大きな意味を持つ。大人で言えば、職場のようなもので、そこで過ごす時間は長く、その集団の中で存在感を持てるかどうかで毎日の気持ちが随分と変わってくる。

しかし、通常、1年ごとにクラス替えがあり、せっかく築かれた人間関係も、振り出しに戻る。年度当初は、新たな人間関係を目指し、一種の緊張感をもった毎日となる。

大きい担任教師の役割

新しいクラスがスタートしたとき、子どもたちは担任教師をよく観察する。「こんどの先生は信頼できるか」、「いい先生か」などと。クラスのリーダーは、何といっても指導者である担任教師である。子どもにとって、自分とクラス担任との関係が良ければ、クラスが心の拠り所となり、のびのびと自分を発揮できる。

子どもは毎日のように担任教師の顔をみて、話を聞いている。そのために担任教師のものの見方、考え方に影響を受けやすい。

育てたい自己表現の力・コミュニケーションする力

クラスは、一般社会の縮図とも言われるように、価値観やものの考え方が異なる子どもたちで構成されている。そのため、意見の相違が生じることや、トラブルが生じるのは当然のことである。そこで、子ども同士がお互いを理解し、

信頼しあい、安心して自己表現できるクラスに高めるためには、自分と相手との違いを知り、互いに認め合うことが大切となる。

特に、特別活動は子どもの人間関係を広げ、クラスの雰囲気を良い方向に持っていくには格好の活動である。「朝の会」を筆頭に、できるだけ多くの子に自分を表現させ、また、相手の話をよく聞かせることで、自分を表現する力やコミュニケーションする力が少しずつ育っていく。

温かく見守る教師

クラス内では、子ども同士のいさかいはよく起こる。教師は、できるだけ傍らから観ることにし、子ども同士で解決させ、答えを見つけさせるように「待つ」ことに心がけねばならない。教師が入って「大岡裁き」をして、事を収めると解決したように見えても、それを続けていくと、子どもたちは教師（力ある者）に頼ってしまい、自分たちで解決していく力は育たない。

16　下級生を脅す子の指導

下級生を脅す子とは

下級生を脅す子の指導は、いじめや暴力、不登校問題と複雑に絡み合っているといえる。文部科学省のいじめの定義では、「当該児童生徒が、一定の人間関係のある者から、心理的、物理的な攻撃を受けたことにより、精神的な苦痛を感じているものとする。なお、起こった場所は学校の内外を問わない。」としている。この「心理的、物理的な攻撃」のなかに、上級生が下級生へ暴行・恐喝を反復したり「カツアゲ」をしたりする事案があるといえる。ここでいう「カツアゲ」という表現は一般的には加害者が10代周辺の青少年で、被害者も同年代もしくは年下の年代である場合に隠語的表現としてよく用いられ、この年代に特徴的な表現といえる。動機としては、遊ぶ金や飲食費ほしさなどといったものが多いが、近年ではいじめ行為として同様の動機で金品等を奪い取る事件が多発している。これにより被害者が、さらに弱いものを脅す、不登校に陥る、万引きをする、家庭内暴力をおこす、家出をするなどの2次的な行為を行うことがある。指導においては、表面的な現象だけにとらわれずその背景をつかんで対応していくことが大切であり、子ども自身にも他者の背景や自分の背景をつかませていくことが重要となる。また一方では、中学・高校において部活やクラブなどで先輩から下級生に対し「しごき」という名の脅しや暴力、いじめが存在することがある。これに関連しては、継続的で悪質な場合には訴訟

暴力行為への対応

図8-5「学校内外における暴力行為発生件数」からは、小・中学校における暴力行為が近年増え続けており若年化している傾向がみられる。

こういった暴力行為等の犯罪行為に対しては、警察との連携を積極的に図らなければならない。かつては、「教え子を警察に売り渡すのか」という批判や、警察権力を学校内に入れることへの抵抗があった。しかし、いじめによる自殺など問題行動が深刻化している実態から、2007年、文部科学省は各都道府県教育委員会に、「校内での傷害事件をはじめ犯罪行為の可能性がある場合には、学校だけで抱え込むことなく直ちに警察に通報し、その協力を得て対応する」と通知した。学校の体面やしがらみで被害を拡大することは許されないといえる。警察が「理由はどうであれ、君の行為は暴行罪や傷害罪になる。これ以上、暴力行為が続くと逮捕もあり得る」と話すと、加害者は初めて真剣に反省し暴

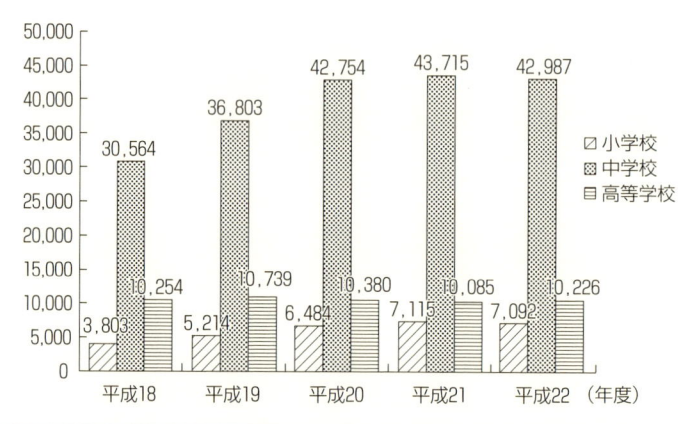

年度	平成9	平成10	平成11	平成12	平成13	平成14	平成15	平成16	平成17	平成18	平成19	平成20	平成21	平成22
小学校	1,432	1,706	1,668	1,483	1,630	1,393	1,777	2,100	2,176	3,803	5,214	6,484	7,115	7,092
中学校	21,585	26,783	28,077	31,285	29,388	26,295	27,414	25,984	25,796	30,564	36,803	42,754	43,715	42,987
高等学校	5,509	6,743	6,833	7,606	7,213	6,077	6,201	5,938	6,046	10,254	10,739	10,380	10,085	10,226
合計	28,526	35,232	36,578	40,374	38,231	33,765	35,392	34,022	34,018	44,621	52,756	59,618	60,915	60,305

図8-5 学校内外における暴力行為発生件数

注：1）平成9年度からは公立小・中・高等学校を対象として、学校外の暴力行為についても調査。
　　2）平成18年度からは国私立学校も調査。また、中学校には中等教育学校前期課程を含める。
出典：文部科学省初等中等教育局児童生徒課「児童生徒の問題行動等生徒指導上の諸問題に関する調査」2012年2月。

力行為をぴたりとやめるケースもある。
　警察も含めた関係機関等と円滑に連携するためには、普段から学校全体で次のような事項について、共通理解を図っておくことが必要である。

- 地域社会にどのような関係機関があるのか、確認しておく。
- 関係機関等との連携における学校の役割分担について、事前に調整しておく。
- 関係機関等と連携をする際の、具体的手順と校内での窓口を明確にしておく。
- 関係機関等と日頃から連携をとり、担当者と人間関係を築いておく。

　また学校は、暴力やいじめの状況が一定の限度を超える場合には、被害者を守るという観点から、加害の児童生徒の出席停止（学校教育法第35条、第49条）を検討しなければならない。

地域ぐるみの視点
　生徒指導はいじめや不登校、暴力行為といった問題行動を起こす児童生徒への対応であるとの認識にとどまりがちであるが、それは生徒指導の一部に過ぎない。
　地域ぐるみで次代を担う人間を育成するという観点から、学校・家庭・地域・関係機関が情報共有、協働活動などの連携をとおして、地域における非行防止ネットワークを構築することも重要な生徒指導の1つである。

写真8-2　地域の人たち全体で、児童生徒を見守る

17 規範意識や公衆道徳の欠如した子の指導

指導の方法と内容

懲罰的な外的要因で児童生徒の行動を変えさせるのではなく、自他への実感的理解をとおして自発的な行動を起こさせようとする生徒指導においては、次のことを決定しての指導が必要となる。①誰が指導するのか（「指導者」）。②誰を指導するのか（「指導対象」）。③誰の何を理解させるのか（「理解内容」）。④何を使ってどのように理解させるのか（「理解方法」）。ここでは主に③と④を観点にして述べていく。

指導の傾向

規範意識や公衆道徳の欠如している子がとりがちな行動とは、例えば、公園で禁止されている遊び（野球等）をそこに小さな子がいるにもかかわらず行う、他家のインターホンを鳴らしてそのまま走り去る、他家の敷地内に菓子袋などのごみを歩きながら投げ入れる、仲間と道いっぱいに広がって他の歩行者や車を気にせずに登下校をする等のことであり、またこれらの行動に対して注意をする大人への反抗のことである。

教員がこういった子どもたちに対してよく使う説論に次のものがある。

A「迷惑を受けている人の気持ちがわからないのか」。
B「こんなことをする人のせいでこの学校の他の子も同じように思われる」。

Aは被害者の気持ち、Bは他の児童生徒の状況を想像させようとしており、自分以外の他者の心情や状況をつかませることをとおして自分の行動の意味を考えさせ、そこから今後の自分の行動のありようを改善させようとする指導である。当該児童生徒が理解すべき「理解内容」は「他者の心情や状況」および「自分の行動の意味」となっている。

指導の課題と方向

指導において課題となるのは、他者の思いや状況を果たして児童生徒が実感的に理解できるのかということである。例えば、ごみを投げ入れられた家の住人や自分たちに注意をする大人の気持ちを小中学生が実感的に理解できるのかといえば、それは容易なことではない。

そこで次の2点からの指導を行いたい。第1は「理解内容」の段階的な配列、第2は「理解方法」の工夫である。

第1については、基本的には「他者（被害や迷惑を受ける人）のそのときの状況」をまず理解させ、その理解をとおして「他者のそのときの思い」を理解させることから指導を始める。このとき「他者のそのときの実際の思い」と「自分が実感的に理解した他者の思い」とが一致した場合には、「自分のそのときの思いや状況およびそれらが生まれる背景」を内省させ、「自分のこれからの思いや状況」つまり「行動」を考えさせる。

一方、「他者のそのときの実際の思い」と「自分が理解した他者の思い」が一致しない場合には、「他者のそのときの思いが生まれた背景」を考えさせる。そして「その背景」と「他者のそのときの思い」とのつながりを理解させ、そこから「今の自分の思い」を考えさせることになる。

第2の「理解方法」の工夫については、疑似体験と他者からの聞き取りが必要になる。例えばごみを投げ入れられた家の住人の思いを実感的に理解するための疑似体験、あるいは実際にゴミを投げ入れられた住人から直接話を聞くといったことである。「他者の状況や気持ち」を想像して実感的に理解させるためには、その理解につながる体験が必要である。

不断の指導

これまで述べてきたことは事後の指導についてである。本来は問題事象が起こらないための予防の指導が必要である。規範意識や公衆道徳が欠如し、他者の思いが理解しづらくなっている子に対しては、多様な他者に出会わせ、他者の思いや状況や背景に数多く触れさせることが1つの継続した指導になる。

18　授業中に教員へ暴言を吐く子の指導

ここでは、自他への実感的理解をとおして児童生徒に自発的な行動を起こさせようとする生徒指導の実現に向けて、主に、誰が指導するのか（「指導者」）、誰を指導するのか（「指導対象」）、児童生徒に誰の何を理解させるのか（「理解内容」）を観点にして述べる。

指導の傾向

授業は集中して受けるからこそ学力の習得につながるのであり、級友に迷惑をかける行為は絶対に許されない。この基本認識のもと、授業中に教員へ暴言を吐く児童生徒に対しては当然教員からの指導や注意が行われる。

このとき、集中して授業を受けることの重要性を認識させるために「将来どうしていきたいのかという、自分のこれからの思い」や「将来どうなりたいの

かという、自分のこれからの状況」を当該児童生徒に「理解内容」として提示することが多い。また級友への迷惑という観点から、「他者（級友）のそのときの思い」や「他者のそのときの状況」を考えさせた上で「自分のそのときの状況」を考えさせることも多い。「理解内容」は「自分のこれからの思いや状況」「他者のそのときの思いや状況」「自分のそのときの状況」となる。

指導の課題と方向

　結果としての暴言は当然許されないが、問題は当該の児童生徒が暴言を吐くに至った経緯である。児童生徒の暴言が、仮に授業でのその子の意見が教員による無視や否定の継続の中で生じた場合、その児童生徒への指導のみでは問題は解決しない。また家庭や友だち関係あるいは部活動等で鬱積していた感情が、何気ない教員の一言で暴言となって表れた場合にも同じことが言える。

　児童生徒が暴言を吐いたという状況のみを取り上げ、その暴言が生まれた背景を取り上げないことは、指導における１つの弱点となる。そこで、次の２点からの指導を行いたい。第１は「理解内容」の段階的な配列、第２は当該の教員以外による指導である。

　第１については、「暴言を吐くに至った自分の背景」を理解させることから始めなければならない。当該児童生徒が暴言を吐くに至った背景を教員と児童生徒が共通認識できてはじめて児童生徒は「自分のそのときの思いや状況」を冷静に振り返ることができ、そのことが「自分のこれからの思いや状況」「他者（級友）のそのときの思いや状況」を考える出発点となるからである。

　第２の指導については次のことが前提となる。それは、教員と児童生徒との間の十分な信頼関係である。これがなければ「暴言を吐くに至った自分の背景」を児童生徒は教員に伝えない。したがって当該教員との間に良好な信頼関係がない場合には、他の教員による指導を計画する必要がある。また教員の指導方法や指導内容についての不平不満が背景となっている場合には、その声に真摯に耳を傾ける教員の姿勢と、改善に向けた前向きで柔軟な考えが必要である。この意味で言えば、指導者である教員自身が自分自身を「指導対象」とする場面も必要だということになる。

不断の指導

　暴言等の教員への反抗的な言動を児童生徒に起こさせないためには、児童生徒の言動に対してその背景をとらえようとする教員の姿勢が必要である。また教員自身が児童生徒の言動をとおして自分の言動を振り返ろうとする姿勢を持

つことも重要である。児童生徒との信頼関係はこういった姿勢に基づく教育活動を継続することで築かれていく。

　また不断の指導において重要なことの1つに児童生徒が初めて暴言を吐いたときへの対応がある。生まれて初めて教員に暴言を吐いたのであるから、自分自身と周りの反応へのショックの大きさは相当なはずである。そのときに当該児童生徒の背景に注目した適切な指導を行わなかった場合、生徒自身による内省が行われないため暴言を吐くことについてのハードルが低くなり、やがて周りの目を気にすることなく教員への反抗的な言動を常習化させていく恐れがある。

19　児童生徒間のけんかの指導

　ここでは、自他への実感的理解をとおして児童生徒に自発的な行動を起こさせようとする生徒指導の実現に向けて、主に、誰を指導するのか（「指導対象」）、児童生徒に誰の何を理解させるのか（「理解内容」）を観点にして述べる。

指導の傾向

　一口にけんかと言っても肉体的な攻撃を伴うものもあれば言い争いによる論戦もある。ここでは前者のけんかについて述べていく。この場合、突然の殴り合いの開始は稀である。多くの場合、片方が次のことを行っている。それは、相手に対して同じ言動を繰り返す、相手のプライドが傷つくようなことを言う、相手が気にしていることにわざと触れる等である。これらのことが相手側の激情を生み肉体的な反撃へとつながるのである。

　このとき、きっかけをつくった側には「言われている人の気持ちを考えなさい」という指導、思わず殴りかかってしまった側には「どんな理由があっても暴力という手段をとってはいけない」という指導、双方に対しては「言いたいことがあったら暴力ではなく話し合いによる解決をしなさい」という指導がよく行われる。「指導対象」に合わせて指導内容を変えるという指導である。

指導の課題と方向

　殴ったり蹴ったりの暴力はいかなる理由があっても許されるものではない。しかし、きっかけをつくった側には「相手が先に手を出したから殴り返した」という思いがあり、思わず殴りかかってしまった側には「相手がひどいことをしたり言ったりするからだ」という思いがある。この両者の言い分を出発点にすることなく、頭ごなしに「暴力はだめだ」という指導をしても、「先生が後

で怒るからもうけんかはしない」という外的な要因での解決になる恐れがある。そこで、きっかけをつくった側と思わず殴りかかった側それぞれの「指導対象」に合わせて「理解内容」の段階的な配列を行い、指導したい。

　きっかけをつくった側には、「そのときの自分のどのような言動や状況が相手の思いを傷つけたのか」ということを実感的な「理解内容」とする。その後、「そのような言動をとってしまったときの自分の思い」「どうしてそのような言動をとってしまったのかの背景」を理解させる。また、やられたらやり返してよいという考え方についての指導は、そのことを継続することによる「自分のこれからの状況」を理解させることが1つの指導方法となる。自分のことを理解させていくときに、「そのときの自分の状況」「そのときの自分の思い」「自分の背景」「これからの自分の状況」という段階で理解をさせていくのである。
　一方、思わず殴りかかってしまった側には、「そのときの自分の思い」を振り返らせ、その後「暴力をふるってしまった自分の今の思い」および「これからどうしていくのかというこれからの思いや状況」を「理解内容」とする。また自分を取り巻く環境等が自分のプライドや自分が気にしていることの源であることに気づかせるために、「今の自分の背景を改善できるのか」を「理解内容」とする場合もある。自分のことを理解させていくときに、「そのときの自分の思い」「今の自分の思い」「これからの自分の思いや状況」「自分の背景」という段階で理解をさせていく。

不断の指導

　暴力がもたらす悲劇を児童生徒に実感させる指導を継続しなければならない。また肉体的な攻撃ではなく正当な論戦を行わせるために、相手の言わんとすることを理解するとともに相手に伝わるように自分の言いたいことを話すことの指導を行う。そのとき特に重要なことは、相手の言わんとすることを理解し、お互いのよさが生きる話し合いの技能を習得させることである。

20　他校生とのつながり・トラブルを抱える子の指導

　ここでは、自他への実感的理解をとおして生徒に自発的な行動を起こさせようとする生徒指導の実現に向けて、主に、誰を指導するのか（「指導対象」）、生徒に誰の何を理解させるのか（「理解内容」）を観点にして述べる。

指導の傾向

　他校生とのつながり・トラブルを抱えている生徒には、他校生との深夜徘

徊、他校生の家や自分の家での寝泊まり、他校生との金品の貸し借り、他校生とのけんかやもめごと等の行動がみられる。またこれらのことが原因となっての、学校での遅刻や欠席の常習化も存在する。こういった生徒については、関係している学校どうし、場合によっては警察や関係諸機関と連携をしながらの指導となるが、ここでは当該生徒が所属する学校での指導について述べる。

　他校生とのつながり・トラブルを抱えている生徒に対しては、本人の居場所、本人の保護、本人の将来という3つの観点をもとに次の指導を行う場合が多い。

　　A「他校生ではなく自分の学校の生徒と関係をつくりなさい。」
　　B「自分のやっていることは自分を大切にしていない行為である。」
　　C「こんなことをしていたら自分の将来が見えてこない。」

　Aは「他校生とつきあい自分の学校の生徒とはつきあわない今の自分の状況とその背景」を、Bは「他校生と行っている今の自分の行動・状況の意味」を、Cは「これからの自分の状況や、これから自分はどうしていきたいのか」を、それぞれ「理解内容」としている。

指導の課題と方向

　自分の学校に、友だち、居場所、自己効力感が不足しているという背景が他校生とのつながりやトラブルを生む原因になりやすい。しかしこれらの不足を解消するのには時間がかかる。この点が1つの課題である。

　もう1つの課題は、当該生徒にとって学校内の他者（主に級友や同学年の生徒）が自分に対して無関心になっていたり関わりを持ちたくないと思っていたりすることである。例えば当該生徒に、「級友が今あなたに対してどう思っているだろうか」と聞くことで「他者の今の思い」を理解させようとしても、他者は実際には何も思っていない、あるいは本人も「どうせ他の人間は自分に対して何も思っていない」というあきらめを持っている。むしろ当該生徒は自分を仲間として認めてくれる他校生の思いや状況の方を実感的に理解しているのである。

　そこで次の2点からの指導を行いたい。第1は当該生徒の周りの生徒を「指導対象」とすること、第2は「理解内容」の段階的な配列による指導である。

　第1については、当該生徒にとっての他者（特に級友）への指導となる。この生徒たちに「当該生徒（級友にとっては他者）の今の状況・思い・背景」を実

感的に理解させるのである。まずは当該生徒への無関心や逃げの気持ちが自分の中にあること、つまり「自分の今の思いや状況」を実感的に理解させることから始める。また場合によっては保護者を「指導対象」として、「わが子に対する自分の今の思いや状況」という「理解対象」で自身を見つめてもらうことも行う。子どもへの無関心や逃げの気持ちが他校生とのつながりを生む原因となっている場合があるからである。

一方、当該生徒には「理解内容」の段階的な配列による指導を行う。先に示したA、B、Cのこと（本人の居場所、保護、将来を観点にした理解）を真剣に行わせ、「自分の今の状況とその背景」「これからの自分の思いや状況」を実感的に理解させていく。

不断の指導

仲間意識の希薄な生徒たちには、生徒の自尊感情や自己効力感および共生意識が高まる授業を日々展開することが必要である。その1つとして生徒自身のものの見方・考え方が大切にされ交流される授業展開がある。こうした授業では個々の生徒が自分を知り他者を知り、お互いをかけがえのない存在として認識する機会が多くなる。生徒個々が自分の所属する集団において自他の価値を見出すことが他校生とのつながりを少なくする1つの方法である。

21　先輩とのつながりからくる崩れを持つ子の指導

ここでは、自他への実感的理解をとおして生徒に自発的な行動を起こさせようとする生徒指導の実現に向けて、主に、誰を指導するのか（「指導対象」）、生徒に誰の何を理解させるのか（「理解内容」）を観点にして述べる。

指導の傾向

同年代の生徒ではなく先輩との関係を優先させる生徒には大きく2つのタイプがある。1つは同年代との関係よりも先輩との関係の方が楽しい生徒。もう1つは先輩に恐れを感じて先輩との関係を優先させる生徒である。

前者への指導については「20　他校生とのつながり・トラブルを抱える子の指導」とほぼ同一であるのでそちらをご参照いただきたい。ここでは、先輩に恐れを感じて先輩との関係を優先させる生徒への指導について述べる。

先輩とのつながりによる問題行動には、深夜徘徊、万引き、他校生とのトラブル、下級生へのいじめ等がある。先輩に恐れを感じて心ならずもこれらの行為に参加してしまう生徒への指導には、本人の居場所、本人の保護という観点

から次のようなものがある。

　　A「クラスや同じ学年で友だちをつくりなさい。」
　　B「先生たちが守るから、勇気を出して先輩からの誘いを断りなさい。」

　Aは「先輩とつきあい級友や同学年の生徒とつきあわない今の自分の状況とその背景」を、Bは「自分のこれからの状況」「これから自分はどうしていきたいのか」を、それぞれ「理解内容」としている。

指導の課題と方向
　先輩とつきあうようになった当該生徒に対して周りの生徒たちは恐れや異質感を抱きやすい。そしてそのことが一層当該生徒を孤立させ、先輩とのつきあいを優先させる原因となる。周りの生徒への指導のあり方が1つの課題である。

　一方、当該生徒については先輩からの圧力に対する恐れを取り除くことが重要となる。しかしこれは容易に行えることではない。先輩と離れた後の先輩からの仕返しやいじめを当該生徒が意識するからである。

　また当該生徒が先輩の保護を受けることで同学年の生徒間での力関係において優位性を感じるということが1つの課題である。本人は先輩への恐れを感じているのだが、一方で先輩は自分を守ってくれる存在ともなっている。こういった状況にある当該生徒を先輩から切り離すことは難しい。

　こういった課題の中、次の2点からの指導を行いたい。第1は当該生徒の周りの生徒を「指導対象」とすること、第2は「理解内容」の段階的な配列による指導である。

　第1については、当該生徒にとっての他者（特に級友）への指導が必要になる。この生徒たちに「当該生徒（級友にとっては他者）の今の状況・思い・背景」を実感的に理解させる。このことは容易なことではないが、少なくとも当該生徒への無関心や逃げの気持ちが自分の中にあること、つまり「自分の今の状況や思い」については理解させなければならない。

　一方、当該生徒には第2の指導を行う。まず「先輩への恐れや先輩の強さへの憧れという自分の今の思いや状況」「そうなってしまっている自分の背景」を実感的に理解させることから始める。次に「自分を守ってくれる存在である他者（大人たち）の今の思い」を実感的に理解させ、大人への信頼を生じさせる。そして最後に「これから自分はどうするのか、その思いと具体的な行動・

状況」を考えさせることになる。

不断の指導

授業を中心にすべての教育活動において次の指導を行うように努める。生徒が相互に啓発し合えるように生徒個々のものの見方・考え方を伸ばし交流させ、そのことをとおして相互理解や相互尊重が生じるような指導である。生徒個々のものの見方・考え方が生きる協同的な学びの実践を同学年や同クラスでしっかりと推進していくことが、先輩との関係の中で崩れていく生徒を救うための1つの重要な方法となる。

22 女生徒のボス化とグループ化の対応

ここでは、自他への実感的理解をとおして生徒に自発的な行動を起こさせようとする生徒指導の実現に向けて、主に、誰が指導するのか（「指導者」）、誰を指導するのか（「指導対象」）、生徒に誰の何を理解させるのか（「理解内容」）を観点にして述べる。

指導の傾向

女生徒がボス化やグループ化をすることで起こる問題事象には、例えば、学年のボスとなるために他の目立つ女生徒とけんかをしたり相手をいじめたりする、ボスを中心としたグループが他のグループの生徒をいじめたり排除したりする、ボスやグループを中心として教員に反抗をするといったことがある。現在ではこれらの行動がネットをとおして行われることがあるが、ここではネット社会の課題については触れない。

ボス化やグループ化をする女生徒については、A：ボスとなっている生徒への指導、B：自ら進んでグループに所属する生徒への指導、C：ボスやグループ内の他のメンバーへの恐れからグループに所属する生徒への指導、この3つの「指導対象」を考えなければならない。

通常Aについては、「やっていることが犯罪になっている可能性」「なぜそのような行動に出ているのかの理由」「排除やいじめの対象となっている生徒の気持ち」「これからどうしていくのか」といったことを生徒自身に実感的に理解させ、今後の行動の改善に努めさせようとする。Bについては、Aと同じ指導に加えて「ボスとなっている女生徒と自分との関係」について実感的に理解させることが多い。CについてはBと同じ指導になるが、中でも「なぜそのような行動に出ているのかの理由」について真剣に理解させる必要がある。

指導の課題と方向

　生徒の問題行動の背景に十分に迫る必要がある。思春期ということもあって、他者の目を通して自分（外面、内面とも）を判断する傾向があり、そのことが自己否定を伴いつつも他者から認められたいという思いを生じさせていると考えられるからである。

　画一的な他者の目ではなく、自他の尊重の中で培った自分としての確かな目で、自分の外面や内面をとらえさせる指導をしなければならない。このとき指導者と当該生徒との間に信頼関係が必要なことは言うまでもない。当該生徒と信頼関係が構築されている「指導者」が指導を担当する。

　もう1つ必要なこととして「指導対象」に合わせての「理解内容」の段階的な配列がある。先に示したA、B、Cそれぞれの「指導対象」について、「そのときの自分の思いや状況が生まれている背景」および「今の自分の思いや状況が生まれている背景」を理解させる指導を行い、その指導の中で客観的かつ自分を好きな目で自分をとらえさせるようにする。このことを経た後「被害に遭った他者の気持ちや状況」を理解させることが「これからの自分の行動・状況」を実感的に見つめさせるための条件となる。

不断の指導

　本来、友だちどうしがグループで行動することやリーダーがグループをまとめていくことは悪いことではない。グループやリーダーの思いが互いのよさを尊重するものであり、また他のグループの言動を尊重するものであるならば、それはむしろ好ましいことである。

　ただしこのようなグループを形成させるためには次の2点を数多く経験させる必要がある。それは、他者との交流の中で自分のものの見方・考え方に気づくこと、お互いのものの見方・考え方を充実させ尊重し合うこと、この2点である。そのための1つの方法として、学校外の人々のものの見方・考え方に数多く触れさせるという方法がある。これは、ボスやグループの偏向的なものの見方・考え方に刺激を与え、自分を見る目と他者を見る目に刺激を与えることを目指してのものである。

23　部活動優先の生活（及びその弊害）の指導

　ここでは、自他への実感的理解をとおして生徒に自発的な行動を起こさせようとする生徒指導の実現に向けて、主に、誰を指導するのか（「指導対象」）、生

徒に誰の何を理解させるのか（「理解内容」）を観点にして述べる。

指導の傾向

部活動が生徒の自己指導能力の育成に貢献していることは承知の上で、ここでは、部活動を優先するあまりに生まれる弊害とその指導について述べていく。

部活動優先の生活をする生徒に見られる問題点には次のものがある。前日の練習の疲れや当日の早朝練習等の影響で授業中に居眠りをするなど疲労の蓄積、部活動への関心や意欲が学業へのそれらを上回ることから生まれる学習に対する集中力の欠如、部活動顧問の指示には従うが他の教員の言うことには耳を貸さないなど態度の変化、試合や大会等で好結果を出した自信から生まれる高慢な態度や協調性の欠如といったことである。

こういった生徒には授業や他の生徒との関わりを重視させる指導を行うことが必要である。また保護者の理解と協力が重要であることから保護者への働きかけも併せて行うことになる。

指導の課題と方向

部活動優先の生活をする生徒には明確な将来像が備わっている場合が多い。「理解内容」で言えば、「自分のこれからの状況」をしっかりと思い描き、その状況を達成するために「今の自分の思いや状況や背景」をとらえて日々努力している。場合によっては「過去の自分の思いや状況や背景」を反省し、それを「今の自分の思いや状況や背景」に反映させて努力をしている。つまり「過去・今・将来の自分」についてよく理解した上で「今の自分の行動」を決定しているという点において非常に優れた生徒だということになる。

問題は、部活動の仲間以外の生徒について「その生徒（他者）の思いや状況」を実感的に理解しようとする機会と意欲が少ないということである。自分の技能を向上させ結果を残せばよいわけであるから、本人からすれば部活動の仲間以外との関わりが少ないことは当然のことである。しかし他者からすればこのことが当該生徒を自分勝手だとする1つの要因となっている。

そこで次の2点からの指導を行いたい。第1は「理解内容」の段階的な配列、第2は保護者との連携である。

第1については、部活動以外の学校の活動をしっかり行うことで生まれる「自分の思い」と「その思いが生まれる理由」を実感的に理解させることから始める。部活動に目を向けている生徒にこのことを行わせるのは容易ではな

いが、協同的な学びをとおして理解させるようにしたい。「自分の思い」や「その思いが生まれる理由」を実感的に理解できるようになれば、それは客観的に自分を見つめ始めた1つの証であり、「部活動優先の今の自分の状況」についても冷静に理解できる可能性をもつ。「今の自分の状況」を振り返らせた後、部活動優先で生活を送ることが「これからの自分にどう影響を与えていくのか」を考えさせたい。

第2については、保護者を「指導対象」として、「わが子に対する自分の今の思いや状況」という「理解内容」で自身を見つめてもらう。このとき学校から子どもの学校生活の実態を丁寧に説明し、それをもとにした判断を求めるようにする。

不断の指導

部活動が生徒の自己指導能力を実際に高揚させ達成感や自己効力感を生徒にもたらす以上、部活動に魅力を感じる生徒がいるのは当然のことである。他方、授業を中心とする部活動以外の活動において、達成感や自己効力感を伴う自己指導能力は高揚されているのであろうか。部活動以外の学校生活の重要性を生徒に説くのであれば、クラスメイトや同学年の生徒との協同的な学習をとおして、部活動では味わえない達成感や自己効力感を生徒に味わわせるのが指導者としての仕事である。生徒たちはこのような経験を重ねる中で自分だけでなく級友や同学年の生徒がもつ思い・状況・背景への理解を深めていくのである。

24　男女交際の指導

男女交際の指導をする場合について次の事例で考えてみたい。

 a　中学校2年生女子Yさんから相談を受けた。クラスの男女からいじめを受けていると言う。同じクラスのH君と付き合い始めてから、そのことで冷やかされ、悪口を言われるようになった。具体的には、Yさんは男子の前と女子の前で話し方が変わる、しゃべり方が気持ち悪い、ブリっ子だなどの悪口を言われている。悪口を言っている生徒数名（Yさんが認識している生徒）を呼んで、個別に事情を聞いた後、Yさんと1人1人の関係者を対面させ、Yさん自身が反省すべき点は直すので悪口は止めてほしいと伝えた。その後、いじめはなくなり、2人の交際は続いている。周囲を配慮する交際ができるようになった。

b 中学校3年生になって交際を始めたNさん。相手が不良だと親から交際を禁じられた。好きだという気持ちは止められない。どうしたらよいか悩む。思い悩んだ末に、高校進学をめざし、交際は断念する。

c 吹奏楽部部長のIさんと付き合っているK君。ちょっとしたコミュニケーションの行き違いで口論になり、相手を怒らせてしまった。手紙で謝りたいのだが、どう書けば誠実な気持ちが伝わるか不安で相談に乗ってほしいとやってきた。自分の気持ちを文章で表現する良い機会であるととらえ、これまでの反省と相手のことを大切に思っている気持ちを書くよう指示する。手紙を書いて渡してから以降、K君はこれまでのいい加減な行動を改め進学に向けて努力するようになった。

d 中学2年生で交際を始めたHさんとI君。Hさんは相手のI君のことは好きだが、その子と遊ぶ時にいつもついてくる1年先輩のF君の存在がいやである。実はI君とは性行為も何度か体験した。ある日、同じ部屋にいるF君にも性行為をさせてあげてほしいとI君に頼まれる。そのことに悩んで相談にやってきた。まず、Hさん本人に性行為の結果、妊娠する可能性について具体的に伝える。妊娠中絶が、赤ちゃんの命を奪うことになることを知らせる。本人の気持ちやこれからの行動について確認したうえで、状況を両方の保護者に伝え、妊娠の心配、命の大切さなどを伝えた。両方の保護者が出会い、今後について相談し、2人は別れる結果となった。F君本人も保護者とともにHさんに深い謝罪をしたことは言うまでもない。

対応の基本

中学生の時期は、性の成熟に伴い、異性に興味や関心を抱き始める時期である。特に中学2年生になると、男女交際にあこがれを抱く生徒が増える。しかし、人との関わりをうまく取れず、人間関係のひずみを引き起こす場合がある。自分勝手な言動で、自らも傷つき、相手も傷つけるといったことがよくある。そこで、この時期に、互いに相手を理解し合って、自分自身も高まっていくような交際の在り方を考えることが必要である。人間尊重の精神に基づく男女相互の望ましい人間関係の在り方と結びつけて、互いに協力して生きていくことがこれからの生活の中で重要であり、将来において大切であることを意識させたい。

思春期に入る小・中学生にとって、異性を意識することは当然であり、男女間の交際は自然である。しかし、小・中学生としての恋愛の「在り方」は、よりよき自己表現のためのその時々の1つの「枠」がある。その枠の中でより良き自己表現が出来るように指導していくべきである。

　10代の経験不足の段階は、男女2人きりになりたがる傾向にある。そんな生徒は、周囲の注意や度重なる指導にも聞く耳を持たず、恋愛感情のみならず実際行動をエスカレートさせていくこともある。「相手を尊重する」「平等な立場で交際する」などの考えを取り上げ確認したい。その中で、男女の交際も人間関係そのものと何ら変わりがないことを押さえさせたい。男女交際だけが特別のものではなく、人間関係の1つとして考える重要性を認識させていきたい。互いに相手を認め合う中で、対等・平等な人と人との交際が基本にあることに気づかせ、小・中学生にふさわしい男女交際や男女の関わりについて考えられるように指導したい。

　また、この時期は周囲の児童生徒はまだ十分に成熟しているわけではないので、男女交際をしていることをからかいのネタにしやすい。本人たちのみならず周囲の児童生徒にも男女交際についてのアドバイスを継続していく必要がある。全体への指導の際、担任が普段のホームルームや学級活動・道徳の時間に「男女の理解と協力」をテーマとして、取り扱うことができる。また、保健体育「心身の発達と心の健康」では、男女の違いを理解し、協力し合い、互いに人間として尊重しようとする態度を育てることができる。

25　登下校の指導

登下校の問題点

　学校において、児童、生徒の安全・安心は最重要課題である。安全・安心あって教育がある、とさえ言えるからである。安全・安心を確保する学校の課題の1つに、登下校の指導がある。

　今日、学校で定めた登下校の道を歩いていても、横断歩道を歩行していても、暴走車や自転車、バイクによる被害がある。また、不審者による危険もある。2012年5月に発生した、登下校中の児童の列に暴走車がつっこむという痛ましい事故を受け、文部科学省、国土交通省、警察が全国の公立小学校約2万校に通学路の安全点検の調査を依頼した。同年9月にその速報値が報告されたが、通学路の危険箇所は6万カ所に及んでいる。同省は11月末までに危険箇所の対

策を学校に呼びかけている。

　小学校においては、集団登校、教員の巡回、地域の方々や保護者の立番などで、児童の安全対策を考えている。1968年に文部省（今の文部科学省）が「集団登下校の実施について」という通達を出しているが、その後、ほとんどの学校で集団登校、下校指導が行われるに至っている。

　中学校においては、校門での遅刻指導を行っている学校が多い。登下校は個々の生徒なので、不審者の被害に遭うこともある。

　高等学校においては、電車通学、自転車通学もあり、遠方から来る生徒も多い。特に問題が多いのが自転車通学である。自転車通学の場合、マナーの問題がある。並列走行、2人乗り、無灯火、傘差し走行、ヘッドホン走行、携帯使用走行、信号無視、スピードの出し過ぎなど、法令に違反している例も多い。

登下校指導の方法

　自転車指導の場合は、教員の立番が対策としてあげられるが、繰り返しの指導が望ましい。自転車は被害者にも加害者にもなる。2011年の交通事故で、自転車による死傷者は全体の30％をしめている。被害者になる例としては、対自動車、対自動2輪など相手の責任による交通事故などがあげられ、加害者になる例としては、対歩行者の事故があげられる。過去に高校生が自転車で歩行者に大きな後遺症の残る怪我を負わせ、数千万円の賠償金の判決が下った例もある。生徒たちにもしっかり指導していくべきである。

　不審者対策については、警察との連携が大切である。特に、暗い道などは通行させない、部活動で遅くなるときには集団で下校させる、何かあったときはすぐに助けを求める、学校に連絡する等の対策が考えられる。

　また、登下校時においては通行が一時になるため、車の通行の邪魔になる、歩行者に危険が及ぶ等の近隣からの苦情も多い。管理職や生活指導の教員だけでなく、すべての教員が対策に協力していく体制が必要である。

　特に、登校指導では、遅刻防止や児童、生徒の様子を見るのに教員が立って挨拶をしているが、毎日校門に立っていると、生徒の様子がよくわかってくるものである。いつも遅刻寸前の子、遅刻の多い子、挨拶のできない子、保護者に送られてくる子、服装の乱れている子などを観察するのにはよい機会である。近隣の人々とも挨拶を交わしていると、いろいろな情報を提供してくださったりもするので、朝の忙しいときではあるが、教員は朝、門の外に立ってみてほしい。

ちなみに、欧米では、学校・園に子どもを送迎するのは保護者の責任であって、それを怠ると、保護者が罰せられる。学校や教師は、学校内での安全には責任を負うが、子どもの登下校時には責任を負わない。無定量の責任を学校と教師に負わせる日本の現状を再考する事例といえるのではなかろうか。

26　器物損壊・落書きの指導

問題行動としての器物損壊・落書き

児童・生徒による器物損壊は1980年代前半の校内暴力全盛期に多発し、1982年に開始された旧文部省（現文部科学省）の調査では対教師暴力・生徒間暴力・その他の対人暴力と並ぶ校内暴力の一類型とされている。発生件数は中学校で際立って多い（文部科学省、各年度版「『児童生徒の問題行動等生徒指導上の諸問題に関する調査』結果について」参照）。学校の備品・設備に対する落書き及び学校で飼っている動物を殺傷する行為も、刑法上は器物損壊罪を構成する。

動機としては遊び・ふざけの一種として安易に行われる場合と、学校の秩序への公然たる反抗である場合とに大別される。いずれにしても成人であれば刑法第261条によって「3年以下の懲役又は30万円以下の罰金若しくは科料」を科せられる犯罪行為であり、「社会で許されないことは学校でも許されない」という原則に則った毅然たる対応が必要である。なお、落書きは時として、特定の児童・生徒をターゲットとするいじめの一種として行われる。こうした落書きへの指導については、いじめに関する指導の項を参照されたい。

器物損壊・落書きへの対応

まず直接対応に当たるチームを編成して役割分担を明確にすると共に、直接対応に当たらない者も含めて職員会議を開催し、指導方針を統一すべきである。非行傾向の深化している児童・生徒は教職員の足並みの乱れをついてくるので、教職員間で指導方針の不一致に陥ることは避けなければならない。次いで、実際の行為に及んだ児童・生徒及び目撃した児童・生徒と面談し、事実関係及び児童・生徒の心情を正確に把握すべきである。なお、実際の行為に及んだ生徒は教師の知らないところでいじめの対象にされ、こうした行為を強制されていることもあるので注意しなくてはならない。また、実際の行為に及んだ生徒は一部でも必ず学級・学年・学校全体の問題として取り上げ、すべての生徒に傍観者は器物破損を助長しているのも同然であるという認識を持たせるべきである。非行性の深化している児童・生徒も学級の雰囲気は意外に気にかけ

ているので、学級全体による無言の圧力をかけることは再発防止上たいへん有効である。この点で、問題が生じた際に学級での討論を行い、再発防止のために1人1人の児童・生徒は何をすべきかを考えさせることは非常に有効である。

その他の注意すべき事柄

被害弁済については緒論あるとは言え、故意に器物損壊に及んだのであれば責任の所在を明らかにし、反省を促すためにも可能な限り弁済させるべきであろう（もちろん、経済的に困窮している家庭の児童・生徒であれば、実情に応じて柔軟に対応すべきである）。さらに、教師の度重なる指導にもかかわらず反省の色もなく器物破損を繰り返す場合には、最後の手段として警察に通報し、少年司法の手続に乗せることも考えられる。学校の管理職・学年主任・生徒指導担当者などはこうした場合に備え、平素から所轄の警察署の生活安全課・少年補導センターなど関係部局との情報交換を密にしておくことが望ましい。

27　保健室登校する子の指導

保健室の役割

「学校には、健康診断、健康相談、保健指導、救急処置その他の保健に関する措置を行うため、保健室を設けるものとする」と「学校保健安全法第7条」に書かれているが、現在、保健室はそれだけではなく、精神的なケアの場となっている。児童・生徒から、家族や担任にも言えない相談が持ち込まれ、それが問題解決の大きな手がかりになることもある。

特に「不登校」と言われる児童・生徒の中には「保健室登校」という形で学校とつながっているケースも多い。

義務教育ではない高校の場合では、出席日数や成績が進級に関わってくるので、保健室との連携が特に重要になる。

不登校生徒とのかかわり

高校で不登校になる生徒は、小中学校で不登校の経験があることも少なくない。環境の変化、慣れない通学、クラブやクラスの人間関係、成績不振等で精神的に不安定な状態になり、学校に行けなくなってしまう。そういう生徒にとって、辛くなったときに、すぐに逃げ込める保健室の存在は大きい。担任、教科担当ではなく、気軽に相談できる「第三者」の養護教諭は、生徒にとって安心できる存在である。生徒は養護教諭に話をすることで、自分の抱える問題と向

き合うことができる。また、他の教員と連携しながら、その生徒にあった解決法を見つけやすくなる。

教員の役割

学校における保健の仕事は、養護教諭、保健主事の教員、保健部の教員が担当しており、日々の保健室の常駐は、主に養護教諭が担当している。だが、養護教諭1人体制では、養護教諭が出張や病院付き添い等の時は、保健室が空になることもある。精神的に不安定な生徒がいつでも利用できるよう、養護教諭の2人体制が望ましい。生徒にとっては、いつ行っても誰かが部屋にいて、話を聞いてくれるという安心感は大きいものである。また、ある高校では、不登校中の学習の遅れの不安を抱える生徒に対して、教科担当や担任が、夏休み等の長期休暇を利用し、面談や補講をすることによって、クラスに戻ることができた例もある。

保健室の充実

「不登校」までは至らなくても、日々生徒たちは悩みを抱えている。学校の中にそういう生徒の相談窓口（相談室）を設けている学校がほとんどであるが、より相談機能を高めていくことが必要である。また、授業や部活動中の負傷も多いので、熱中症やけが防止対策の啓発も大切な仕事である。最近では、クラブの部長などを集めて、救急救命法の講習や、熱中症対策の講習等も積極的に行われている。

最後に、保健室での対応は、スクールカウンセラー、養護教諭、担任、教科担当、家庭の連携が欠かせない。全国の学校の統計（文部科学省「児童生徒の問題行動等生徒指導上の諸問題に関する調査結果について」2012年）によれば、スクールカウンセラーが不登校の指導に効果があったと答えた学校が40％、保健室登校が効果があったと答えた学校が38％あった。しかしながら、相談員については、小学校で7割、中学校で6割、高校で9割、また、スクールカウンセラーについては、小学校で6割、中学校で1割、高校で3割の学校が全く配置されていない（文部科学省「学校保健統計調査」2011年）。これからの改善が待たれるところである。状況によっては、ケース会議（事例検討会）を開くのもよい方法である。医療機関にかかっている場合は主治医との連携も欠かせないので、情報交換を密にして保健室を充実させていくべきである。

28 インターネット・メール関係の問題(いじめ、トラブル)の指導

最近の子どものインターネット・メール事情

最近のインターネット利用に関する調査(第5回小学生のインターネット利用に関する調査、2007年)によると、就学前の3-5歳で2割以上、小学1年生の時点で約5割が既にインターネットを経験している状況にある。それに伴い、学校非公式サイト上で特定の生徒の実名や写真、携帯電話の番号等、個人情報が勝手に公開され誹謗中傷の対象となったり、プロフィール掲示板で公開している個人情報を悪用され事件に巻き込まれたり、とネット上でのいじめやトラブルの増加が指摘されている。

予防教育――子どもへの指導

では、どのような指導が必要であろうか。まずは、利用開始と同時にその付き合い方を教えることが重要である。2008年の小・中学校学習指導要領改訂、ならびに2009年の高等学校学習指導要領改訂後、青少年のインターネットを適切に利用する能力の習得を目的とし、各学校で情報モラル教育が開始されはじめた。各機関も学年に応じたさまざまな教材を提示している。そのような教材を活用しながら、インターネットの有効性と危険性を指導していくことである。すなわち、インターネットや携帯電話は便利な機械であるが、「できる」ことと「してよいこと」は同じではないことを丁寧に伝えることが肝要である。これは、単一教科に限らず、各教科や道徳、総合的な学習の時間といった指導すべきタイミングを適宜設定し、その場に応じた指導を繰り返し行っていくことが望まれる。その中でインターネット上では、メールアドレスをむやみに登録しない、個人情報を書き込みすぎない、警告や規約をしっかり読む、家族や先生に相談する、といった具体的な指導を段階に応じて行っていくことが求められる。また、子ども自身が考え、行動できるようにするために使用方法やルールを子どもたちが主体となって話しあう機会をつくること、そして、その前提条件として全教員が情報モラルについての知識や現状を共通理解しておくこと、学校を挙げて取り組む体制づくりも望まれる。

予防教育――保護者への指導

さらに、大半の子どもはネット利用の場が家庭ということもあり、保護者への注意喚起は欠かせない。しかし、便利だからと子どもに買い与えるだけで適切な利用方法やルールづくりを行っていない家庭も多く、保護者自身がインターネットを通じたトラブルに巻き込まれるケースさえみられる。情報モラル

に関する講習会などの取り組みはいくつか見られるものの（例えば、文部科学省等によるe-ネットキャラバンなど）、その対象は小学校高学年あるいは中学生の保護者が中心である。就学前や小学校低学年における子どものインターネット利用現状から鑑みると、その対象を拡げる必要がある。また一度の講習会に終わることなく、保護者会等を利用して学校と保護者が共に考えていく時間を持つことも一方法である。また、そのような会への参加が難しい保護者のためには、配布物や定期的な家庭訪問を利用した継続的な働きかけを行っていくことも検討する必要があろう。そして、講習後も保護者と連携をとりながら、継続的に子どものインターネット利用の状況に注意を払っていくことも大切である。現実世界と同様、ネット上のいじめやトラブルは発見されにくい。常日頃から保護者と信頼関係を築き、子どものSOSにいち早く気づいていけるような姿勢が望まれる。

29　一度指導を受けたことを繰り返す子の指導

生徒指導は、1人1人の児童生徒の人格を尊重し、個性の伸長を図りながら、社会的資質や行動力を高めることを目指して行われる教育活動である。各学校においては、教育課程の内外において1人1人の児童生徒の健全な成長を促し、児童生徒自ら現在及び将来における自己実現を図っていくための自己指導能力の育成を目指すという積極的な生徒指導に取り組むことが必要である。

自己実現の基礎にあるのは、日常の学校生活の場面におけるさまざまな自己選択や自己決定である。そうした自己選択や自己決定の場を与え、その過程において、教職員が適切に指導や援助を行うことが児童生徒の成長につながる。そして、自己指導能力を育むのは、学校生活のあらゆる場や機会である。授業や休み時間、放課後、部活動や地域における体験活動の場においても、生徒指導を行うことが必要である。

個別の指導

上記に加えて、個々の児童生徒の発達状況を踏まえた個別の指導や援助が大切である。足りない部分を補ったり、望ましい部分をさらに伸ばしたりといったことが求められるからである。共通性を基盤に据えつつ個性のさらなる伸長を図っていくためには、学校が組織として計画的に生徒指導を行っていくことが必要である。失敗を繰り返す児童生徒の指導には、個別の指導が欠かせない。

生徒指導の基盤となる児童生徒理解

　小学校学習指導要領では、総則において指導計画の作成等に当たって配慮すべき事項として「日ごろから学級経営の充実を図り、教師と児童の信頼関係及び児童相互の好ましい人間関係を育てるとともに児童理解を深め、生徒指導の充実を図ること」と定めている。中学校、高等学校の場合には、このような規定に加えて「生徒が自主（主体）的に判断、行動し積極的に自己を生かしていくことができるよう」生徒指導充実の方向付けがなされている。即ち、生徒指導を進めていく上で、その基盤となるのは児童生徒１人１人についての児童生徒理解の深化を図ることである。児童生徒理解は、１人１人の児童生徒を客観的かつ総合的に認識することが第一歩であり、日ごろから１人１人の言葉に耳を傾け、その気持ちを敏感に感じ取ろうという姿勢が重要である。

信頼関係の構築

　児童生徒理解の深化と共に、教員と児童生徒との信頼関係を築くことが生徒指導を進める基盤である。教員と児童生徒の信頼関係は、日ごろの人間的な触れ合いと児童生徒と共に歩む教員の姿勢、授業等における児童生徒の充実感・達成感を生み出す指導、児童生徒の特性や状況に応じた的確な指導と不正や反社会的行動に対する毅然とした指導などを通じて形成されていくものである。その信頼関係をもとに、児童生徒の自己開示も進み、教員の児童生徒理解も深まる。

　児童生徒理解の深化と信頼関係の構築が、課題を抱える児童生徒の個別指導の前提となる。

一度指導を受けたことを繰り返す子の指導

　学校生活に適応できない児童生徒の増加は、社会問題の１つである。特に深刻な問題行動や悩みを抱え、なおかつその悩みに対するストレスに適切に対処できないような一度指導を受けたことを繰り返す児童生徒に対しては、学校は課題解決に焦点を当てた個別指導及び支援をする必要がある。

　その場合、学級担任１人だけでは解決に導くことが困難な場合が多く見受けられる。担任は、児童生徒本人や保護者とじっくり話を聴く姿勢を持ち、自分だけで判断せずにかならず管理職などと相談し、養護教諭やスクールカウンセラー等の専門家の意見を踏まえて対応することが必要である。

　児童生徒が持つ課題の背景には、児童生徒の個人の性格や社会性などの個人的問題、児童虐待・家庭内暴力・家庭内不和・経済的困難など家庭の問題、

LD・ADHD・高機能自閉症・アスペルガー症候群などの発達障害、また友人間での人間関係に関する問題などが見受けられる。学校は、このような背景を十分に理解し、チームとしての支援体制を作る必要がある。場合によっては、児童相談所や精神科医などとの連携が必要となってくる。

このように、一度指導を受けたことを繰り返す子の指導には、その子を客観的かつ総合的に捉え、日々の信頼関係の構築の上に立って個別の指導にあたることが大切である。

30　飲酒する子の指導

未成年者の飲酒を禁止する法的根拠

日本では、未成年者の飲酒は1922年に制定された未成年者飲酒禁止法によって規制されている。この法律では、「満20歳未満の者自身が飲酒することを知りながら、満20歳未満の者に対して、酒類を販売・供与した営業者に対して、50万円以下の罰金を科す」（第3条第1項）、「未成年者の飲酒を知って制止しなかった親権者や監督代行者に対して、科料を科す」（第3条第2項）、「酒類を満20歳未満の者に販売・供与した法人の代表者又は法人若しくは自然人の代理人、使用人その他の従業者が、その法人又は自然人の業務に関して前条第1項の違反行為をしたときは、違反行為者を罰するに止まらず、その法人又は人に対し同項の刑が科される」（第4条）とされている。

未成年者の飲酒の危険性

現在の日本では、未成年者の飲酒を大目に見る風潮は少なからず見受けられる。例えば、現代の日本では、20歳未満の大学生の飲酒は余り厳しく取り締まられておらず、未成年の息子に晩酌の相手をさせる親も決して少なくない。地方によっては未成年者であっても祭礼に参加した者に対して、酒を振る舞うことを当然視しているところさえある。しかし、若年で脳の未発達なうちに飲酒を始めた者はアルコール依存症に陥りやすい。また、若年者は飲酒に際して自己規制を失いやすく、無茶な飲酒によって急性アルコール中毒に陥る危険、理性を失って不慮の事故に巻き込まれる危険、危険な性行動など逸脱行動に走る危険、飲酒運転・暴力行為など酔余の非行・犯罪に及ぶ危険なども大きい。そのため、未成年者の飲酒については決して「この程度」と大目に見ず、そのつど適切に指導していくことが必要である。

未成年者の飲酒禁止指導の基本方針――正しい飲酒規範の確立

　未成年者の飲酒禁止指導に際しては、① 未成年者の飲酒は法によって禁止されており、いかなる理由でも例外は認められない、② 未成年者の飲酒については飲んだ本人だけでなく、すすめた者及び黙認した者も刑事上及び民事上の責任を問われ得るという原則論を堅持しなくてはならない。特に、若年者の間で時おり見られる「イッキ飲み」などは被害者の死を招いた例もある危険な悪弊であり、万が一死者を出して立件されれば強要罪、傷害罪、死亡した場合は過失致死罪など刑法上の罪に問われると共に、民事上も巨額の賠償責任を負うことなどを平素から教えていかなくてはならない。他方、飲酒は成年者に対しては法的に認められており、個人的な嗜好としても社会的な潤滑油としても重要であることを教え、青年を迎えたときに適切な飲酒を行えるよう指導していく必要があると考えられる。

31　喫煙する子の指導

未成年者の喫煙を禁止する法的根拠

　日本では、未成年者の喫煙は1900年に制定された未成年者喫煙禁止法によって規制されている。同法は最近では2000年に改正され、「満20歳未満の者が自分自身で喫煙することを知りながらたばこや器具を販売した者」に対する罰金の上限が50万円に引き上げられた（第5条）。また、「法人の代表者や営業者の代理人、使用人その他の従業者が、法人ないし営業者の業務に関して満20歳未満の者に煙草を販売した場合には、行為者とともに法人ないし営業者を……（中略）……罰する」という両罰規定が盛り込まれ（第6条）、販売者は満20歳未満の者の喫煙の防止に資するために年齢の確認その他必要な措置を講じるとされた（第4条）。

　未成年者の喫煙は以上の理由によって違法であると共に、「非行の入り口」とも言われるゲイトウェイ的行為である。また、脳の未発達な未成年者は、成年者より早くニコチン依存症に陥りやすいと言われている。以上のことから、未成年者の喫煙については実際にはかなり広く行われており、これを黙認する風潮も一部に見受けられるとは言え、やはり「社会で許されないことは学校でも許されない」という原則に則った毅然たる対応が必要である。

未成年者の禁煙指導の基本方針

　非行少年の中には最近の嫌煙志向に便乗して「先生は煙草を吸っているの

に、なぜ自分たちは煙草を吸ってはいけないのか」という者も時おり見受けられる。こうした者に対しては「未成年者の禁煙は法的に禁止されており、成年者の喫煙は法的に認められている」という原則論を堅持し、決して取り合わないようにすべきである（喫煙の場合に限らず、こうした屁理屈で教師を攪乱するのは非行少年の常套手段である）。学校の対応としては、平素から生徒の間に「未成年者の喫煙は違法行為であると共に健康に害を及ぼす行為であり、許されない」という規範意識を涵養しておかなくてはならない。特に、中長期的な煙草の害について正確な情報を提供すると共に最近の嫌煙志向についてもよく説明し、「喫煙は大人っぽくてかっこいい」という思春期の児童・生徒にありがちな考えを修正しておかなくてはならない。

未成年者の喫煙を助長する環境への働きかけ

　また、自宅での喫煙を黙認している保護者、未成年者に対して煙草を常習的に販売している業者は決して希ではなく、未成年者の喫煙の温床となっている。それゆえ、こうした人々に対しても平素から生徒に対してと同様、前述の規範意識を涵養するよう働きかけなくてはならない。他方、喫煙がすっかり習慣化している生徒は既にニコチン依存症に陥っており、本人の意思の力で喫煙をやめることは非常に難しい場合もある。こうした場合は医師と相談し、医学的な禁煙指導を行う必要がある。

32　薬物する子の指導

薬物乱用の諸類型（その1）——有機溶剤と覚せい剤

　日本の青少年の間では、かつてはシンナー・ボンドなど有機溶剤が主に乱用され、非行少年の間ではアンパンと呼ばれていた。しかし、最近では有機溶剤乱用はすっかり下火になり、覚せい剤乱用に取って代わられている。

　なお、覚せい剤は1951年まで合法で、ヒロポンという商品名で市販されていた。その後、覚せい剤取締法で規制されたにもかかわらずシャブなど呼ばれて乱用され、最近ではエス・スピードなどと呼ばれて流通している。なお、往々にして「やせ薬」と称して流通しているので、ダイエットに関心を持つ女子児童・生徒に対しては注意を呼びかけなくてはならない（覚せい剤は食欲を減退させる効果を持っているので、体重を減少させる効果は確かに認められる）。

薬物乱用の諸類型（その2）——その他の薬物

　また、有機溶剤・覚せい剤に比して少ないとはいえ、大麻（マリファナ）も乱

用されている。日本の一部で自生している麻は大麻と同じ薬理作用を持っている。自生地から摘んでくる、小鳥のえさ・七味唐辛子などに入っている麻の実を発芽させるなどの行為によって摘発される例も時おり見受けられる。

さらに、最近では有機溶剤の代わりにカセットコンロのガスを吸引するガスパンも見受けられる。これはガスの持つ薬理効果ではなく、窒息によって朦朧となることを楽しむ行為であり、時として死亡事故にもつながりかねないので厳重に規制されなくてはならない。その他、近年の都市部では合成麻薬MDMA（別名エクスタシー、揺頭）の浸潤も認められる。他方、世界的に見れば違法薬物の主流である阿片系薬物（阿片・モルヒネ・ヘロイン）、1970年代に流行した精神展開薬LSD、中南米を原産とするコカインなどは余り乱用されていない。一般にドラッグと呼ばれる薬物は①精神を覚醒させるアップ系（覚せい剤、コカインなど）②精神を鎮静させるダウン系（阿片系薬物、大麻など）、③幻覚を見せる幻覚系（LSDなど）に大別され、日本ではダウン系は好まれない。

薬物乱用の取締と指導

薬物を取り締まる法は毒物及び劇物取締法（毒劇法）・覚せい剤取締法・大麻取締法・麻薬及び向精神薬取締法など多岐にわたり、ガスパンなど違法薬物を用いていない場合は虞犯として取り締まられる例もある。日本の非行少年の間では多くの場合、薬物は遊び半分・面白半分で、又は集団の結束を強めるために軽い気持ちで乱用されている。しかし、薬物はひとたび乱用してしまえば、自分の意思で離脱することは不可能である。しかも、薬物を乱用している者は、多くの場合は薬物の供給源であるヤクザと深い関係に陥っている。それゆえ、薬物乱用者を発見した際は学校で指導しようとは思わず、直ちに司法官憲の手に委ね、法の強制の下で専門的な薬物離脱指導を受けさせるべきである。

33　服装・頭髪の指導

服装・頭髪指導の実態

小学校においては、児童の服装、頭髪は保護者の管理下におかれていることが多い。特に染髪等をとがめることはないが（染髪剤が子どもの頭皮へどう影響するかの問題は別として）、中学校、高等学校においては、服装、頭髪ともに規制を設けている学校がほとんどである。染髪・パーマの禁止、スカートの丈、ネクタイ着用等細かな規定が、校則によって定められている。

その一方で、戦後すぐ、または高校紛争時に制服をなくした学校では、服装

の規定はないところも多い。せいぜい、「露出は控える」「下駄履きは禁止」程度である。標準服も指定しているところと指定のないところがある。まったく規定のない学校では、女子の場合、インターネット等でデザインも豊富な制服仕様のものを購入するようである。制服、頭髪、共に規定のない学校もある。

しかし、大多数の、服装・頭髪の規定がある学校では、頭髪・服装の乱れにより、保護者、地域、当の生徒からも指導の必要性を求められることが多く、服装の着崩しを徹底的に取り締まり、頭髪においても、保護者に地毛であるかの証明を提出させたり、染髪の生徒には黒色に染め直させたりしている。また、始業式、終業式、生活週間等で教員が服装・頭髪のチェックを行い指導している。近年、見直しを考えた（または、考えている）学校も多く、服装・頭髪は見直し項目の上位である（表8-4）。

服装・頭髪指導の考え方

教員として、どの学校においても一貫した指導が難しいのが、服装・頭髪指導である。

中学、高校においてあるべき服装・頭髪の基準とはどういうものであろうか。おそらく、中学生、高校生らしい服装・頭髪という少しあいまいな基準で一致はしているのではないだろうか。いわゆる、「なにも手を加えない」「自然な」頭髪、着崩していない服装というものである。だが、もともと茶色い髪の生徒もいれば、病気等でかつらや帽子を着用する生徒もいる。

服装や頭髪の問題は、すべてこの基準で、というわけにはいかない。どの学校にもその学校の規則がある。そして、規則は守られることによって規則として成り立つ。集団生活が成り立つためには、規則が守られることが原則になる。

表8-4　改訂された校則の内容 (複数回答)

学校順位	中・高全体	中学校	高等学校
第1位	服装 (60.7%)	服装 (60.2%)	服装 (62.2%)
第2位	校外生活 (37.5%)	校外生活 (42.5%)	頭髪 (26.9%)
第3位	校内生活 (33.4%)	校内生活 (38.7%)	校外生活 (23.3%)
第4位	頭髪 (29.5%)	頭髪 (30.4%)	校内生活 (18.1%)
第5位	所持品 (24.7%)	所持品 (27.5%)	所持品 (16.6%)
第6位	登下校 (18.1%)	登下校 (19.0%)	登下校 (15.5%)
第7位	その他 (9.4%)	その他 (7.4%)	その他 (15.0%)

出典：文部科学省統計（1991年）。

個々の生徒には自分の通う学校がどういう信念でその規則を定めているのかをしっかり理解させ、場合によっては話し合いを持ち、強制的な指導にならないことが望ましい。

同時に、社会人や大学生と違って中学生、高校生にはまだ、学校の指導や保護者の保護が必要であり、自由には責任が伴うということも理解させたい。

服装・頭髪指導の進め方

実際の指導には、個々の生徒1人1人としっかり向き合うこと、しっかり話をしながら生徒との人間関係を築いていくことが重要になる。ある学校では、マナー向上の考え方をもとにし、携帯電話の使い方と服装・頭髪指導を組み合わせる試みを行っている。また、委員会などの組織を作って基準を設け、細かな指導（面談や奉仕活動など）を教員全体で行い、成果を上げている。こういう事例も参考にしながら、教員と生徒たちとがよく話し合い、懲罰的なものにならないように指導を進めるのが望ましいと考えられる。

34 公序良俗に反する行動をとる子の指導

公序良俗に反する行為

公序良俗とは、広辞苑によると「公の秩序と善良の風俗。国家・社会の公共の秩序と普遍的道徳」となっている。これに反する行為とは、社会的規範を逸脱した行動や人間としての道徳を踏み外した行為といえる。窃盗や賭博など犯罪とされるものから、いかがわしい場所への出入りや盛り場徘徊など、児童生徒として好ましくない行動までその範囲は広い。

生徒指導の観点からは、児童生徒の問題行動として捉えることが出来る。そして、その問題行動にはいくつかの類型がある。1つは、社会的規範に関する問題行動であり、犯罪や薬物乱用など法律の対象となる。14歳から20歳未満の場合は犯罪少年として、14歳未満は触法少年として扱われる。2つ目は、学校内規範に関する問題行動であり、これには授業妨害や校内暴力行為、いじめなどが含まれ、校則や生徒会会則などの対象である。3つ目は、家庭内暴力や引きこもり、などである。ここでは問題行動1と2の中で犯罪とはいえないが、不良行為をして将来犯罪を犯す虞がある虞犯行為を中心に考える。具体的には深夜徘徊やいかがわしい場所への出入り、また正当な理由なしで家庭に寄りつかないなどの行動や家出などがある。盛り場徘徊などは犯罪に引き込まれる多くの危険をはらんでいる。最近は携帯電話やパソコンの普及によって交際範囲

がひろがり、非行への誘惑が多くなり、性非行や性被害の低年齢化も進んでいる。

公序良俗に反する行為への指導

言うまでもなく教科指導と生徒指導は両輪の教育活動であるが、全教育活動を通じて児童生徒の発達段階に応じた自尊心と規範意識を育成することが重要である。非行から立ち直りやすいかどうかは、誰からか可愛がられた経験があるかどうかが岐路であるといわれる。学校では1人1人の児童生徒の特性をつかみ、子どもを信頼し共感を持って接することが土台である。その上で学校あげての組織的な教育目標の設定とその実践が必要である。

問題行動を起こす子どもの指導には大きく言って、① 法や校則や規則による制裁の強制、② 規範の内面化（内発的動機づけ）、があるといえる。規範の内面化は学級活動や学校行事など日々の教育の中から生れる。ある大阪の高校では1972年に服装の自由化を実施したが、その過程では生徒・教師・保護者の徹底した討議があり、生徒手帳に「服装は自由とする。ただし高校生にふさわしいものに自己規制する」と記載され、この自己規制という学校文化が根づき、問題なく今日に及んでいる。

問題行動を起こした児童生徒に関しては、問題の客観的な把握と冷静な分析が必要になる。そして対応は生徒指導部や担任、学年等が組織として取り組む。例えば非行の入り口といわれる万引き（犯罪であるが）でも、最初の対応を誤らないことが大切である。また携帯電話による不特定多数の交際から生じる誘惑や犯罪に対しても、未然防止教育が必要であり、性犯罪・性被害に対しても、性教育を含めて子どもの生き方や倫理について学習することが大切である。虞犯行為を発見したら、その行動の背景や心理状況をよくつかみ、規範意識の回復を図ると共に、子どもの居場所として楽しい学校づくりに努めることが大切である。

35　性に関する問題の指導

10代の妊娠と性感染症の現状

今日においては、学生・生徒が、性に関するさまざまな情報を、パソコンや携帯電話など個別化した機器により取得できる社会状況になっている。このことは、特定または不特定の異性との交遊関係全般を活性化させ、性行動に至る機会を増大させている要因の1つともなっている。厚生労働省の「平成22年度

衛生行政報告例の概況」によると、20歳未満の人工妊娠中絶は2010年度では、2万650件となっており、全体の9.7％に達している。また、10代の性感染症罹患率は「健やか親子21」(2009年3月報告)によると、策定時(2000年)の性器クラミジア感染症は、5697件(定点医療機関897カ所)に比べ、6198件(定点医療機関920カ所)となり減少していない状況である。性感染症は、他への感染を引き起こすだけではなく、女子の場合は、将来の不妊症になる危険性など心身への大きな影響を与えることになるため、早期治療を行うための指導も必要になってくる。

性に関する指導の必要性

性と生殖に関しては、自らが判断し、決定し、相互に尊重することが特に必要である。その教育に関しては、学童期より、人として身体についての正確な知識を取得することが大切になってくる。その学校教育において、学年が上に行くに従い、自分で判断し、自ら健康管理ができるように、より具体的な性に関する教育・指導することが求められる。この教育・指導については、学校教育の現場だけではなく、家庭教育においても、学校での性教育内容について関心を持ち、親子で話せる機会を持てるような環境づくりが望ましい。しかし、現状では、性の教育に関しては学校間での教育内容の差や、保護者の認識の違いにより充分な性教育が行われている状況にはない。

性に関する相談相手

相談相手として、中・高校生になると友達が挙げられる。しかし、友達関係が希薄な生徒も多く、相談相手が無いという状況も少なくない。学校生活の中では、保健室は、児童生徒にとって養護教諭に安心して話を聞いてもらえる場所である。しかし、保健室へは、児童生徒が出向く状況になければ問題を発見する機会が難しい。そのため、健康観察等を行う教職員の観察力が重要になってくる。性の問題に関しては、問題の深刻化が進まない内に、生徒が、相談出来る環境を教職員がつくる必要があると思う。

相談環境づくりの事例

最近では、兄弟姉妹の数が少なく、出産の過程を間近に経験する機会が無い学生・生徒が多い。専門学校では、妊娠中の女性の状況を中心に、陣痛から出産に至るまでの経緯や、「後産」等の適切な医療処置の必要性を伝える。未成年者が、1人で子どもを産むという行為がいかに恐怖で、困難なことかを学生が自ら考えられるような環境づくりを行っている。一方、出産とは素晴らしい

体験で、その結果生まれてきた自分の命を大切にすること、相手の心身を大切にすることも目的としている。具体的な話をすることにより、学生は、講義という認識から自分や相手の命の尊さや、産んでくれた母親への感謝の気持ちを抱くようになっている。具体例を挙げながら話すため、性について相談しやすい環境づくりの１つとなっている。

　高校では、その環境づくりを養護教諭が中心になって行っている。保健室では、健康を損なっている子ども達の対応をおこなっているが、現状では、生徒が保健面だけではなく、気軽に立ち寄れ、さまざまな事を相談する場所としての役割を担っている。例えば、安全ピンや雨に濡れた時のタオルを貸すなど保健指導以外の業務を行い、常日頃から身近な大人へのさまざまな相談場所としての環境をつくる中心的役割を行っている。

　教職員の連携の必要性

　相談しやすい環境づくりは、組織全体で取り組むことが望ましいことであるが、現状では、教諭個人の力量、その中でも養護教諭に相談からの全ての指導を任されているところがある。相談を受けた養護教諭、教師は、自己判断で処理するのではなく、学校組織としての連携や、医師・警察等の関係機関との連携を図ることも必要である。また、保護者との連携を取ることを重要視する必要がある。特に保護者は、子どもに起こった出来事に冷静に対応する力を失う事も考えられるため、子どもに取っての最善の方法を関係機関とともに模索するとともに、性犯罪における、何度も大勢の大人に事情を聞かれるなど２次的被害を避ける必要がある。

36　授業妨害する子の指導
　現　状

　文部科学省は、2007年２月５日、初等中等教育局長名で、各都道府県教育長等宛に「問題行動を起こす児童生徒に対する指導について」と題する通知を発出した。同通知は、「学校での懸命な種々の取組にもかかわらず、対教師あるいは生徒間の暴力行為や施設・設備の毀損・破壊行為等は依然として多数にのぼり、一部の児童生徒による授業妨害も見られ」る、と述べ、近年、授業妨害が増加していることを示唆している。そして、教育委員会及び学校は、授業妨害等の問題行動が起きたときには、十分な教育的配慮のもと、現行法制下において取り得る措置である出席停止や懲戒等も含め、毅然とした対応をとり、安

全で安心できる教育現場を確保することを要請している。
　筆者が、教員を目指す学生を対象に、「小・中・高等学校時代に、授業妨害を経験したことがありますか」と問うてみたところ（2012年）、「小学校時代にあった」が38％、「中学校時代にあった」が41％、「高等学校時代にあった」が25％であった。小・中・高等学校を通して1度も経験したことのない学生は29％にとどまった。これらの結果から、小・中学校では、かなりの割合で授業妨害が行われ、その経験がない児童生徒は少数であることがわかる。

授業妨害の構造と改善のための対応
　山本修司らの指摘によれば、荒れた授業のなかの生徒たちの行動はおおむね、5つの層に分けられる（表8-5参照）。[9]
　ひと口に授業妨害といっても、授業中に立ち歩いたり騒いだり暴言を吐いたりするなどの他に、勝手な時間に登校して授業中の教室に出入りする、授業を抜け出し他の教室に入ったり校外に出たりする、非常ベルを鳴らしたり消火器を噴射したりするなど実にさまざまである。こうした状況にあって、1人の教員がその中心となっているA層のみを対象に指導しても、十分な成果を上げることは期待できない。全教職員が共通理解のもと、5つの層すべてに働きかけていくことが大切である。特に、授業妨害の改善に対して積極的な行動をとることができるE層を増やし、学級全体として、授業妨害を許さない風土をつくっていくことが望まれる。
　授業妨害には、授業を理解できないことからくる退屈感やストレスがその背景となっていることが少なくない。教師は、1人1人の児童生徒の個性・能力を活かし、興味・関心を高める「わかる授業」「充実感のある授業」を展開していくことが求められる。そのために、十分な教材研究や授業の準備が不可欠であることはいうまでもない。また、日頃から、対話等コミュニケーションに

表8-5　荒れた授業のなかの生徒たちの行動

A	立ち歩き、大騒ぎ、暴言など授業妨害の中心になっている生徒	教室内の約1割
B	Aにくっつき、後追いして授業妨害の具体的行動に出る生徒	教室内の約2～3割
C	自分は具体的な行動には出ないが、AやBの行動をはやし立てる生徒	教室内の約3～4割
D	授業妨害を見て見ぬふりをしたり無関心だったりする生徒	教室内の約1～2割
E	授業妨害に対して、解決に向けた行動に出ることができる生徒	教室内の約1割

努め、児童生徒との信頼関係を築いておくことが大切である。授業妨害が発生した場合は、教科担当者だけで対応するのではなく、校長のリーダーシップの下、指導体制を確立し、全職員が協働して取り組んでいくことが求められる。

37 遅刻・欠席する子の指導

指導にあたっての2つの側面

遅刻や欠席をする子をどのように理解し、どのような指導をするかに関しては、次の2つの側面があろう。1つは、遅刻や欠席などをそのままにしていると、不登校などのさらに厳しい状態となるととらえ、そのような状態になる前に、適切な指導をするという考え方である。もう1つは、基本的な生活習慣が身につけられていないととらえ、そのための指導を行うというものである。この両者は、当然のことながらはっきりと区別できるわけではなく、複合的に表れることがあるが、このように類型化して考えることにしたい。

不登校の前段階としての指導

最も重要なのは、原因を究明することであろう。学習面でつまずいているために、登校して授業を受ける意欲をなくしている、いじめなど人間関係で悩みを抱えているために学校と距離をおこうとしている、家庭の生活環境が急激に変化した、親子関係をめぐる問題がある、などが考えられる。原因がわかれば、それに対応した方策を取ればよいのである。1人1人違うはずである原因を考えずに、遅刻や欠席について、表面的・マニュアル的な指導になってしまうことは、避けなければならない。

基本的な生活習慣を身につけさせる指導

子どもの生活習慣が乱れてしまう原因として、家庭の変容が挙げられる。核家族化や、保護者の就労形態の変化などで、一昔前であれば、家庭において行われていたしつけや教育が出来なくなっているのである。

このような状態の中で、文部科学省は2006年から「早寝早起き朝ごはん」国民運動を展開している。家庭における食事や睡眠などの乱れは、個々の家庭や子どもの問題として見過ごすことなく、社会全体の問題として地域による、一丸となった取り組みが重要であるとして、PTAや子ども会、経済界など多くの団体が参加している。休日の日も早めに起きる、テレビをだらだらと見ないなどの、ほんの小さなことから心がけていくことを、この運動では提案している。この運動だけで家庭のしつけが改善されるわけではないが、小さな心がけ

が重要だという考え方は、学校における指導でも全く同じであり、そのような意味で注目されてよい運動である。学校における生徒指導の具体例としては、小学校などで、起床・就寝・食事の時間など、1日の生活のタイムテーブルをワークシート等に記入させて1日をふりかえり、「来週の日曜日は7時に起きよう」といった目標を設定し、目標が達成したらほめる、などが考えられる。このような地道な指導を行うことが、遅刻や欠席を減らすことにつながるのである。

38 対教師暴力をする子の指導

対教師暴力の現状

　文部科学省は、1983年度から「児童生徒の問題行動等生徒指導上の諸問題に関する調査」を行い公表してきた。しかし、その経過の中で調査対象や調査方法を改めたことが複数回あったため、ここでは、現在の調査方法・調査対象で行われるようになった2006年度から2011年度までの調査結果を紹介する。

　なお、調査対象は国公私立の小中高等学校の児童生徒である。

　図8-6は、2006年度から2011年度までの「対教師暴力の推移」を示しているが、2010年度をピークとして、2011年度は減少したとは言え、本方法による調査を始めた2006年度に比べると、合計の発生件数は1.34倍、中学校の発生件

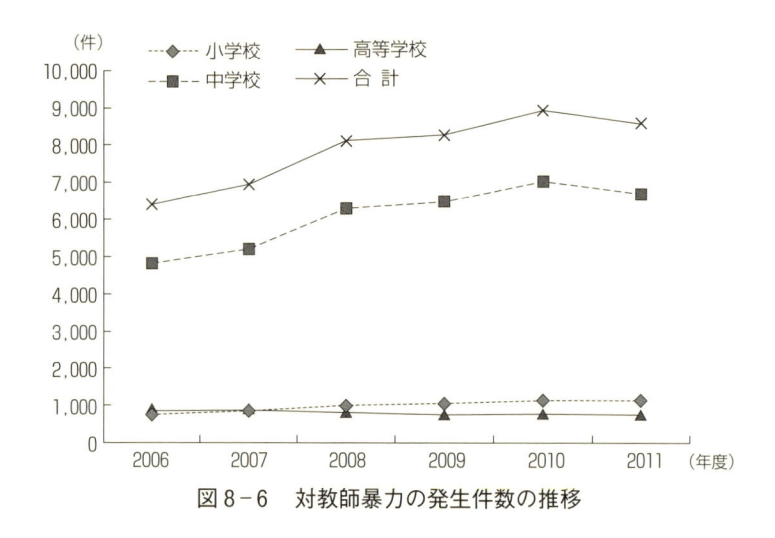

図8-6　対教師暴力の発生件数の推移

数は1.39倍となり、まだまだ予断ができない状況である。なかでも、小学校においては僅かな増加傾向、高等学校においては減少傾向にあるが、上述したように中学校における対教師暴力は他の校種と比べて極めて多く、今後も綿密な対応や対策が求められる。

暴力行為に対する基本的な考え方

上述の文部科学省の同調査では、暴力行為を「自校の児童生徒が故意に有形力（目に見える物理的な力）を加える行為」と定義し、対象によって「対教師暴力」「生徒間暴力」「対人暴力」「器物破損」の4つの形態に分類している。これらの暴力行為の発生の背景には、児童生徒を取り巻く社会環境、家庭や学校の在り方、児童生徒個人の特性などが複雑に絡み合っている。

そのため、その対応に当たって、基本的な考え方として、暴力行為は「学校においてもいかなる理由からも認められないし絶対に許されない行為である」と明確に否定するとともに、「暴力は人権の侵害であり人権尊重の精神に反する」との認識を全教職員が共有して一致協力した取り組みをする事が大切である。

対教師暴力への対応

対教師暴力の対応に当たっては、全教職員が次の視点から共通理解をもち、共通の行動が取れるようにすることが大切である。① 対教師暴力は教師と児童生徒の信頼関係を根底から覆す重大な行為である。② 社会で許されない行為は学校でも許されないと言うことを毅然として粘り強く指導する。③ 被害を受けた教員に対しては怪我の程度に応じて適切な治療をするとともに心のケアを行う。④ 加害の児童生徒に対してはその背景を探り適切な指導を行う。⑤ 加害の児童生徒の指導に当たっては行き過ぎた指導や人権を侵害するような言動や体罰等に十分配慮する。⑥ 学校で全てを抱え込むことなく、保護者・地域社会・関係機関との連携の下に毅然とした態度で問題の解決に努める。

対教師暴力が発生した場合は、教職員が共通理解の下に即対応することが重要であるが、日頃の学校運営や生徒指導において、指導体制の確立・多面的客観的な個別理解と指導、規範意識の育成が大切である。

39　自傷行為をする子の指導

自傷行為とは

自傷行為とは、何らかの理由により、自分で自分の身体を傷つける行為であ

る。リストカットや皮膚を刺す、やけどの痕をつける、自分を殴る、壁に頭をぶつける、頭髪を抜く、大量に服薬する等である。また、摂食障害も広く言えば自傷行為といえる。

中でも、リストカットは自傷行為の典型的な例であり、手首などを繰り返し刃物で傷つけるものである。包帯などで隠し、友人や教員にカットの傷を見せたり、ブログなどに自分のリストカットの傷をアップしたりすることもある。ただ、これは周囲の気を引くためではなく、本人も自分の行為に戸惑い、自分の気持ちが理解できていない場合が多い。自殺未遂との境界はあいまいであるが、自殺は意図していないとみられる。しかし、文部科学省の統計によれば（図8-7）、2011年度に自殺した児童生徒は200名で、前年度より44名増えており（28パーセント増）、200名を越えるのは1986年の268名以来である。うち6割が原因不明となっており、分析が待たれるところである。内訳は中高生がほとんどをしめており、注意が必要である。高校生の自殺は2011年度には前年度112名から157名に増えている。

行為の理由

行為の理由は、自分がかかえる不安、憂鬱感から逃れたい、生きている実感を取り戻したい、気を紛らわせたい、つらさから逃れる他の方法がない、などが考えられる。痛みと出血が一種独特の開放感をもたらすのである。だが、きっかけも理由も個人によってさまざまである。

リストカットを行う生徒は、自尊感情や自己肯定感が低い、真面目、衝動的などの特性を持っていることが多い。漫画やアニメに共感はするが、生身の人間関係を築くのが苦手な場合もある。学校生活においては、クラスや部活動で

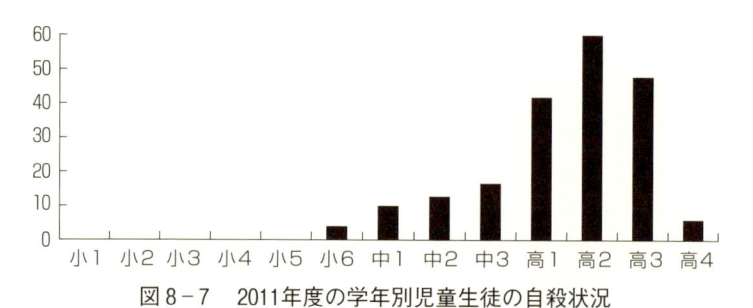

図8-7 2011年度の学年別児童生徒の自殺状況
出典：文部科学省統計（2012年）。

他者と関わる場面が多く、人間関係に疲れてしまいがちである。この、他者との関係は自傷行為問題に大きく関わっている。リストカットは、自ら周囲の「関係性」に強く訴えかける行為でもある。しかし、人間関係は一朝一夕に改善できるものではないので、改善には時間が必要である。

行為への対処

自傷行為を「せざるを得ない状況」の中では、すぐに自傷行為を「やめさせる」ことは容易ではない。教員ができる生徒への対応としては、緊急の手当てはもちろんであるが、自傷行為に過剰に反応しないことである。もし、繰り返すようなことがあっても叱らず、辛抱強く話を聞く姿勢が必要である。そして、本人が自傷の代わりになるようなもの、自分らしい解決方法を見つけられるようにアドバイスをすることが大切である。ただし、相手の話をそらしたり、訂正したり、むやみに自分の経験を語り、押しつけてはいけない。

また、生徒に対して、関係が近すぎる対応をしてしまい、本人の依存を深めてしまう場合があるので「近からず、遠からず」など、適切な距離を保つことが求められる。担任や関係の教師が1人で援助にあたることは避けたほうがよい。独特な対人関係に引き込まれ、共依存の関係になってしまう場合や、抱えきれなくなって距離を置いてしまい、より状況が悪化してしまう場合もある。年齢の近い異性の教師に対しては、問題を共有している安心感から「恋愛感情」に類似した感情に発展してしまうこともあるので注意したい。どのような問題に対してもそうであるが、自傷行為のある生徒に対しては、決して1人で対応せず、専門家もまじえて、養護教諭ら複数の教員で本人の援助にあたることが望ましいと考えられる。

40　性同一性障害のある子の指導

性同一性障害とは

性同一性障害とは、その言葉通り、性についての同一性に障害を抱えている疾患である。つまり身体的特徴としての性と自らが思う性とが一致しない、同一ではないという疾患である。その多くは自分が男だと思っているのに体は女性である、あるいは女だと思っているのに体は男性であるため、性的なアイデンティティが定まらないことになってしまう。この自らの身体への違和感とでも言うべきものは第2次性徴以降顕著になるが、実際にはそれよりもはるか以前から感じている場合が多く、後述するように10歳未満でも対応する必要があ

る。でなければ日常生活のあらゆる場面で支障を来すことになり、不登校などの学校不適応につながっていくことになってしまう。

性同一性障害の日本での受容

広辞苑では1998年の第5版まで「性同一性障害」の記載がなく、2008年の第6版から新しい項目として収録された。影響が大きかったのは2001年から放送された中学校を舞台とするドラマに性同一性障害の生徒役が登場したことである。これによって功罪はあるものの性同一性障害という疾患が日本で知られるようになり、2004年には「性同一性障害者の性別の取扱いの特例に関する法律」が施行された。この法律により成人で条件を満たせば性別の取扱いが変更できるようになった。

しかし、同じ性同一性障害でも未成年者をどうするかという問題は残っているし、性同一性障害以外の性的マイノリティに対しての理解もまだまだ進んでいない。さらに性分化疾患はまさに多種多様であり、遺伝子レベルにおいても性器レベルにおいても一様の扱いはできない。その意味では生物学的性差も単純に2種類に分かれるものではない、ということが知られていない。

『生徒指導提要』と文部科学省通知

『生徒指導提要』においては第3章第2節「児童期の心理と発達」の「(7)性役割の獲得」で性同一性の発達や性役割の発達についてとりあげている。その上で『生徒指導提要』の発行の1カ月後、2010年4月には文部科学省が全国の学校に「性同一性障害の児童生徒の心情に配慮した対応」を求める通知を出した。ここでは養護教諭やスクールカウンセラーなど教職員等が協力し、保護者の意向にも配慮しつつ、必要に応じて関係医療機関とも連携することを求めている。先進的な取り組みが続いてきた埼玉県における小学1年生の事例も紹介され、この通知以降に理解を深めるためのリーフレットを作成した教育委員会もある。医療側も、2012年1月に日本精神神経学会の性同一性障害の治療のガイドラインが改定された。子どもに対してはホルモン療法の適用可能年齢を18歳から15歳に引き下げ、抗ホルモン剤の適用も早めることが可能になった。

このような動きにともなって、性同一性障害や性的マイノリティ、性分化疾患について教師を中心とする学校関係者のますますの理解が求められている。

性的マイノリティが求めること

自ら性的マイノリティであることをカミングアウトした人が学校に求めている配慮したり考慮したりすべき事項のいくつかをあげる。

・性別は2つではない（学校は性別を求めることが多すぎる）。
・性別の典型にあてはめて考えたり分類したり子どもの行動を制限しない。
・制服や名簿の柔軟運用（そもそも制服は必要か？　名簿は混合名簿の活用）。
・トイレ、着替えや健康診断、宿泊行事におけるお風呂などへの配慮。
・相談されても頭ごなしに否定しない。
・教職員間で研修などを通して理解を深めて欲しい。

　まだまだあるが、多忙感に追われている学校においてさらなる検討事項が増えることは重荷に感じるかもしれない。しかし性的マイノリティ（近年はLGBTという表現が多い）に配慮をすることは、ひいては子ども1人1人を大切にすることにつながる。LGBTに配慮している企業ほど業績が伸びている、という国際比較研究もあり、結果的にはマイノリティを大事にすることがよりよい学校づくりにつながるはずである。

教師1人1人が見直しを
　最後に考えておきたいことは、女の子なのに「お転婆」、男の子なのに「女々しい」という伝統的な表現の問題点である。当然、これまでそうよばれた子どもの中に性同一性障害だった子どもがいたと思われる。女の子だろうが男の子だろうが「この子は元気な子」、男の子だろうが女の子だろうが「この子はおとなしい子」、そしてどちらも「その子の個性」として認めてあげることがこれからの時代では大切である。

　特に、学校では「元気であること＝よいこと」という価値観が蔓延しているため、即おとなしいことはよくないことに転換しやすい。「お転婆」「女々しい」という考え方が自らの中にないかどうか、まずは子どもたちと向き合う教師1人1人が自分の心の中を見直すことが必要である。

41　発達障害のある子の指導、障害についての無理解に対する指導
発達障害の理解
　発達障害の定義については、発達障害者支援法（2004年）第2条に、「自閉症、アスペルガー症候群その他の広汎性発達障害、学習障害、注意欠陥多動性障害その他これに類する脳機能の障害であってその症状が通常低年齢において発現するものとして政令で定めるもの」と規定されている。また、それぞれの障害の定義や特性については、文部科学省「今後の特別支援教育の在り方について

（最終答申）」（2003年3月）などで示されている。

　発達障害の特性は、生まれつきの特性であり、生涯にわたる特性であるが、子どもの成長と周囲との関係にともない、障害の症状が変化することも少なくない。すなわち、幼少期には目立たなかった症状が、児童期以降に見られるようになったり、障害名や診断名が変わったり、あるいは、まったく逆に、目立たなくなったりすることもある。したがって、発達障害のある幼児・児童・生徒は、その心身の健やかな成長・発達に向けて、できる限りの早期の発見と適切な支援（医療的、福祉的、教育的）を保障される必要がある。また、発達障害の障害（状態）像は曖昧かつ多様であるため、自分の目の前にいる子どもの特性に当てはまらない場合もある。発達障害の障害名や診断名にとらわれず、子どもを1人の個性ある存在として受けとめ、かかわっていくことが大切である。

発達障害のある子どもの支援

　発達障害のある子どもの支援は、1人1人の子どもの実態を的確に把握し、特性を理解することから始めなければならない。すなわち、子どもの「いいところ」を温かなまなざしで見つめ、今よりほんの少し待つだけで、子どもの発達の豊かさに気づくことができる。また、その背後にある子どもの「意図」や「思い」も見え、他の子どもには何でもないことがとても重要であることや、ゆっくりと教えれば、時間がかかってもできること、得意・不得意があることなどがわかるようになる。また、「障害はできないということではなく、道筋は違っていてもみんなできていく」、あるいは「障害は取り除くべきものではない」と考えることが必要である。注意集中や社会性、学習能力などにおいて、困難やつまずきを示しているとしても、苦手なところやうまくいきにくいところは支援のあり方を工夫するとともに、得意なところやできているところを伸ばしていくことが必要である。苦手なことを何度も繰り返し練習させられたり、無理強いさせられたりするのではなく、子どもの良いところを認めることで、自尊感情や自己肯定感を高めていくことが大切である。

保護者の理解

　発達障害のある子どもを育てている保護者の多くは、障害の受容や適切な支援の確保のほか、子どもの日常生活上のさまざまな困難さから生じる問題が次々とおこり、大きなストレスを抱えさせられている。また、自分の育て方が悪かったのではないか、この子どものために家族を犠牲にしていないだろうかという罪悪感や、誰にも理解されていないという孤立感を深めている。そのた

めに、保護者自身が抑うつ傾向になりやすく、家族にも発達障害の特性がみられることが少なくない。育児の難しさから虐待に発展してしまうケースも見られる。こうした困難を抱える保護者に対しては、医療機関等を受診して精神症状を改善するよう勧めるとともに、日頃から悩みや相談に応じ、受容的なかかわりを通して、信頼関係を築いておくことが重要である。疲れた時には無理して頑張りすぎないことや、決して1人ですべてを背負うものではないことも伝え、1人1人の保護者の状態に応じた支援を心がけるとともに、子どもとの良い関係づくりのための具体的なかかわり方を丁寧に伝えていくことが必要である。

関係機関との連携

本人の成長やまわりの環境、支援の在り方によって、子どもの発達の姿は大きく変わることから、乳幼児期から思春期・青年期における継続的で体系的な支援体制を構築していくことが大切である。そこで、ポイントとなってくるのが、地域における医療や福祉、教育の関係機関の連携である。幼稚園等保育施設や学校にあっては、適宜、関係機関からの助言を受けながら、個別の教育支援計画・指導計画を作成するなどして、1人1人の子どもについて、より長期的な視野に立った支援を行っていくことが求められる。幼稚園等保育施設・学校全体として、発達障害のある子どもの支援の方向性や手立てについての共通理解に努め、関係機関と連携しながら、具体的な支援を進めていくことが不可欠である。

42　物を盗む子の指導

増える「初発型非行」としての「万引き」

子どもの万引きで一番多いのは、いわゆる「初発型非行」と言われるもので、遊び感覚の色彩が強く集団化の傾向がみられるケースである。仲間と共に犯すことによって互いに親しくなって安心感を覚え、万引きという遊びの中に満足感を見出してしまうのである。また、自制心の弱さ、遊興費欲しさ、好奇心やスリルから、物を盗むケースも少なくない。

「初発型非行」を犯した子どもの場合、一度厳しく指導されると、反復して続けることは少ない。それゆえに、この場合の指導は、「盗む」という行為の不当性を深く考えさせることに焦点を当てて指導すると同時に、家族や周囲の人に与える悲しみを考えさせ、誠実に生きることの大切さを認識させることが

有効である。また、保護者や担任が子どもに同行し、相手方に誠意を尽くして謝罪する姿を見せることも効果があると思われる。子どもは、保護者や担任が自分の侵した過ちを解決しようと努めている姿を見る時、深く反省するものと思われるからである。

人から強要されて盗みを行う子ども

自分の意思に反して盗みを人から強要されているような子どもを発見した場合は、複雑で喫緊の対応を要する事案と考えられるので、校長や生徒指導主事は速やかに関係教員や保護者から構成する「ケース会議」を組織して、事実関係を正確に把握する必要がある。

この場合の指導としては、スクールカウンセラーや警察の協力と援助を得て、だれが、どこで、どのような支援を、いつまで行うべきかを話し合い、関係者の連携・協力体制の下に、事件に関係する子どもたちの指導に当たることが求められる。しかし指導方法を誤ると、本格的な非行に発展していく危険性があるので、慎重な対応が求められる。

病的に物を盗む子ども

何度も厳しく指導された後も、盗まなくてはいられない衝動のために物を盗む行為を繰り返す「クレプトマニア」（病的な窃盗癖）と呼ばれる疾患を持つ子どもが、稀に存在している。この疾患は、米国の精神医学会が定めたガイドラインでは、「他のどこにも分類されない衝動制御の障害」の章に分類されている疾患である。このような子どもについては、専門家である精神科医の助けを借りることが必要である。

盗みの依存症的病状からの脱出を図るため、行動療法や認知行動療法が数多くの治療の現場やカウンセリングの場面で実施されている。これは、盗もうと思うと痛みや吐き気といった不快な感覚が呼び起こされるように訓練するものであり、日常生活の中で物を盗みたい衝動が起きても盗むことを思い留まる効果が期待されるものである。

心理的な欲求のために物を盗む子ども

子どもは、親の離婚、別居、失業、引っ越しなど家族のさまざまなストレスによって、家族内のコミュニケーションが乱された時期に、親の関心を自分に向けさせるために願望や欲求を埋め合わせようとして盗みを行うことがある。

このような場合、子どもの本心を理解すること（してあげること）が必要不可欠である。家族はもちろん、スクールカウンセラー、場合によっては児童相談

所などとも相談しながら、ケースバイケースの個別の指導で、子どもの問題を解決していくようにしたいものである。

物を盗む子どもにならない未然防止の授業

学校において窃盗事件や盗難事件が発生した場合、校長の指示のもとに校内組織を立ち上げ、迅速に事実確認を行い、適切な対応と事後指導とを行うことが必須である。この対応と措置は、盗難防止のためにも効果的である。

近年、児童生徒が、「物を盗む子」にならないように、各地域の教育委員会が警察関係の機関やNPO等の諸団体と連携・協力して、予防的な授業を行うように積極的に学校への支援の方策を出す事例も見られる。例えば群馬県の学校では、窃盗防止プログラムとして、「加害者にも被害者にもさせないために」をテーマとする「道徳」の授業が、警察関係者や地域の商店街の人々の協力を得て実施されているが、参考にしてもよい授業の実践例と言えよう。

流通が加速化している今日、子どもが正しい判断力を失わない取り組み、盗みを犯しそうになる前に子どもの魂に語りかける取り組み、が求められている。教師としては、子どもは子どもなりに自立のための人生を懸命に模索しているのだという信頼の心を忘れずに、彼らの心に添った支援をして行くことが必要であろう。

43 AD/HD

AD/HD（Attention-Deficit/Hyperactive Disorder：注意欠陥／多動性障害）は、不注意、多動性、衝動性を主要症状とする。具体的には、落ち着きがなくゴソゴソと動き回る、後先を考えずに衝動的に行動してしまう、注意力が散漫になりやすい、注意の対象がすぐに移ってしまう、せっかちで待たされることを嫌うなどの様子がみられる。幼児期では、行動だけでなく話し言葉にも唐突感や脈絡のなさが目立つことがある。これらは子どもによくみられる特徴ではあるが、生活および学習に不適応がみとめられるほど顕著な場合にAD/HDとみなされる。

診断と薬物治療

相談先としては、学校、保健センター、児童相談所、発達障害者支援センター、病院（小児科ときに精神科）などがある。診断には医師の診察が必要であり、小児神経専門医や児童精神科医の診察を受けることがのぞましい。診断基準としては、世界保健機構の診断基準（ICD-10）やアメリカ精神学会の診断基準（DSM-

Ⅳ）が用いられることが多い。両者ともに、7歳以前の発症、6カ月以上の症状の持続、複数の場面での症状の出現を挙げている。AD/HDは、「多動性／衝動性優勢型」（多動傾向が中心）、「不注意優勢型」（多動は目立たず、紛失物や忘れものが目立ち、ボーっとしている時間が長い）、両者の基準を満たす場合は「混合型」に分類される。一般に、混合型が最も多く、次に不注意優勢型となり、多動性／衝動性優勢型は少ないとされる。AD/HDは圧倒的に男子に多い。女子では不注意優勢型が多いが、周囲に気づかれないことも多い。AD/HDに合併しやすいものとして学習障害（LD）、自閉症、広汎性発達障害がある。AD/HDにみられる多動や不注意については、薬物療法が有効とされる。従来の薬物療法では中枢神経刺激薬メチルフェニデート（商品名リタリン）が処方されてきたが、乱用と依存性の問題のため規制され、現在はコンサータの使用が認められている。

問題点と経過

AD/HDの特徴は、課題の遂行能力そのものには問題がないにもかかわらず、注意が長続きしないことにより能力を十分に発揮できないことにある。そのため周囲からは、「できるのにやろうとしない」、「怠けている」などの評価を受けることになる。経過は、幼児期や小学校低学年期に顕著であった多動が、小学校高学年くらいで徐々に落ち着いて目立たなくなり、生活や学習が改善する場合がある一方、劣等感や不安など情緒面での問題が増悪したり、いじめの対象となったりすることがある。思春期には反抗的態度が顕著となり、中学生で非行に走ったりする例も少なくない。青年期、成人期にもAD/HDの症状が持続する場合、社会適応に影響を及ぼすことが指摘されている。

指導と支援

多動・不注意・衝動性の一次症状のみではなく、そこから派生する対人関係のトラブル、劣等感などによる二次症状を防ぐ取り組みも必要である。そのためには、AD/HD児の長所の伸長と、成功体験の強化が必要となる。小学校低学年期には学習面でのサポートを行う。否定的な言葉で叱りつけるようなことは避け、少しでもよく出来たときにはしっかりと褒めて肯定する。環境調整としては、壁の掲示物を減らす、座席は教室中央の列の最前列にする、机上に置く物を減らす、などの工夫が効果的とされる。

44　アスペルガー症候群

アスペルガー症候群の定義

　知的発達に遅れはなく他人とのコミュニケーションもできる一方で、まわりの世界の理解の仕方や日常の出来事に対する反応の仕方に独特なものがある場合には、アスペルガー症候群の可能性が考えられる。自閉症について、文部科学省は「自閉症とは、3歳位までに現れ、① 他人との社会的関係の形成の困難さ、② 言葉の発達の遅れ、③ 興味や関心が狭く特定のものにこだわることを特徴とする行動の障害であり、中枢神経系に何らかの要因による機能不全があると推定される」（文部科学省「今後の特別支援教育の在り方について（最終報告）」2003年）と定義している。これを踏まえ、アスペルガー症候群を「知的発達の遅れを伴わず、かつ、自閉症の特徴のうち言葉の発達の遅れを伴わないものである」と定義している。

アスペルガー症候群の状態像

　文部科学省が示すアスペルガー症候群の定義において示されている特徴について、その具体例を次に記す。「他人との社会的関係の形成の困難さ」とは、1人でいることが多く、友だちをつくることにあまり興味を示さない、他者の気持ちに共感しにくい、などを指す。「興味や関心が狭く特定のものにこだわる」とは、自分なりの独特の手順や様式が決まっている、融通のきかなさがある、などを指す。なお、「言葉の発達の遅れを伴わない」とあり言語発達に明らかな遅れはみられないことが記されているが、言葉の使い方や聴覚的な理解において標準レベルでないことも多く、会話がかみ合わないことや言い回しの難しさが指摘されることも多い。アスペルガー症候群のその他の特徴として、五感がとても敏感あるいは鈍感など個人内におけるアンバランスさがあることや不器用さ、睡眠リズムの出来にくさなどもあげられる。

アスペルガー症候群の子どもへの具体的対応

　アスペルガー症候群にみられる状態像として独特の手順や様式が決まっているという点から、「安心して生活ができることをめざし、ルーティン化した生活（一定のパターンのもとでの生活）を提供する」ことが大切である。また、他者の気持ちに共感しにくいことや聴覚的な理解に難しさがあることから、「曖昧な言い方を避け、具体的で簡潔な声掛けや指示をする」「書いたり図に示したりと視覚的手がかりを用いる」ことなどを心がけることが大切である。

アスペルガー症候群の子どもとのかかわりにおける留意点

　アスペルガー症候群の子どもは大学へ進学する例がみられるなど知的に高い場合や、社会生活を特定の支援なく営んでいることが多い一方で、独特な行動様式などにおいて周囲の理解が乏しく、「相手の気持ちを汲み取れず、自分勝手でわがままな子ども」と思われることも多い。これらの結果として、対人関係や社会生活において小さな失敗が積み重ねられ、自尊感情の低下することが考えられる。自尊感情を低下させないためにも、まわりの人がアスペルガー症候群の特性の把握や適切な対応を習得する一方で、失敗体験に寄り添うかかわりをすることも大切である。

45　学習障害（LD）

学習障害（LD）の定義

　定型的な発達過程を経ているにもかかわらず、読む、書く、計算するなどの特定の能力に著しい遅れがみられる場合には学習障害（LD：Learning Disabilities）の可能性が考えられる。学習障害（LD）について、文部省（現：文部科学省）は「学習障害とは、基本的には全般的な知的発達に遅れはないが、聞く、話す、読む、書く、計算する又は推論する能力のうち特定のものの習得と使用に著しい困難を示すさまざまな状態を指すものである。学習障害は、その原因として、中枢神経系に何らかの機能障害があると推定されるが、視覚障害、聴覚障害、知的障害、情緒障害などの障害や、環境的な要因が直接の原因となるものではない」と定義をしている（文部省「学習障害児に対する指導について（報告）」1999年）。

学習障害（以降、LDと記す）の状態像

　文部科学省が示すLDの定義においてあげられている、習得や使用に困難を示す6つの能力について、その具体的な例を次に記す。「聞く」とは、聞き違いがある、聞きもらしがある、話し合いが難しい、などを指す。「話す」とは、適切な速さで話すことが難しい、理路整然と話すことが難しい、などを指す。「読む」とは、音読が遅い、文字や行を抜かしたり、あるいは繰り返し読んだりする、などを指す。「書く」とは、細かい部分を書き間違える、形の似た文字を間違って書く、などを指す。「計算する」とは、簡単な計算の暗算ができない、計算をするのにとても時間がかかる、などを指す。「推論する」とは、事物の因果関係を理解することが難しい、早合点や飛躍した考えをする、などを指す。

LD児への具体的な指導

　学齢期においては、日頃の様子およびウェクスラー式知能検査をはじめとした心理検査結果から推察される認知特性などを踏まえながらアセスメントを実施する。その子どもの能力や今後の見通し、適切な関わり方などアセスメント結果から得られた知見をもとに、個に合わせ丁寧に指導をしていくことが大切である。

　なお、幼児期の子どもに関しては、LDの問題性の顕在化が学齢期であることから、就学前においてはLDは見過ごされることが多い。しかし、指示の聞き取りが難しい場合やお絵かきが苦手などといったLDの状態像を示す場合は往々にしてあり、LDの可能性がある子ども達として、早期発見および早期対応に努めなければならない。

LD児とのかかわりにおける留意点

　認知特性をもとにLD児とかかわることが大切であるが、加えて、意欲や応用といったかかわりの視点も求められる。ここでいう意欲とは、学習への動機づけや意欲向上を指す。学習のつまずきなど失敗体験の積み重ねで自尊感情が低下し、学習を始め対人関係など多方面において意欲が低下していることがある。成功体験を存分に味わえるような配慮をし、自尊感情の向上を目指すことが大切である。応用とは、机上等で学んだことを日常生活場面で活かせることを指す。習得した諸能力を般化させることが大切である。

注
1) 加地伸行『沈黙の宗教――儒教』筑摩書房（ちくま学芸文庫）、2011年。
2) 「生徒指導上の諸問題の現状と文部科学省の施策について」2010年、101頁。
3) 子どもの貧困白書編集委員会編『子どもの貧困白書』明石書店、2009年、10頁。
4) 阿部彩「子どもの貧困率の動向」「なくそう！子どもの貧困」全国ネットワーク編『大震災と子どもの貧困白書』かもがわ出版、2012年、298-305頁。
5) 苅谷剛彦『階層化日本と教育危機――不平等再生産から意欲格差社会へ』有信堂高文社、2001年、苅谷剛彦『学力と格差――教育の綻びをどう修正するか』朝日新聞出版、2008年、阿部彩『子どもの貧困――日本の不公平を考える』岩波書店、2008年、山野亮一『子どもの最貧国・日本――学力・心身・社会におよぶ諸影響』光文社（光文社新書）、2008年。
6) 小野田正利『親はモンスターじゃない！――イチャモンはつながるチャンスだ』学事出版、2008年。

7） 内田樹『下流思考——学ばない子どもたち 働かない若者たち』講談社（講談社文庫）、2009年。
8） 広田照幸『教育不信と教育依存の時代』紀伊国屋書店、2005年。
9） 山本修司編『実践に基づく毅然とした指導』教育開発研究所、2007年。

参考文献

青木久子・磯部裕子・大豆生田啓友『教育学への視座——教育へのまなざしの転換を求めて——』萌文書林、2005年。
上里一郎監修、影山任佐編『非行——彷徨する若者、生の再構築に向けて』ゆまに書房、2007年。
浅井春夫・松本伊智朗・湯澤直美編『子どもの貧困』明石書店、2008年。
朝日新聞社編『いま学校で——校内暴力——』朝日新聞社、1983年。
朝日新聞社編『完全版 いじめられている君へ いじめている君へ いじめを見ている君へ』朝日新聞社、2012年。
安彦忠彦・石堂常世編『現代教育の原理と方法』勁草書房、2004年。
新井郁男・住田正樹・岡崎友典『新訂生徒指導』日本放送協会、2006年。
有村久春『キーワードで学ぶ特別活動生徒指導・教育相談』金子書房、2008年。
有村久春編『学力向上の基礎となる生徒指導』教育開発研究所、2009年。
五十嵐哲也・杉本希映編『学校で気になる子どものサイン』少年写真新聞社、2012年。
市川宏伸監修『AD/HD（注意欠陥／多動性障害）のすべてがわかる本』講談社、2006年。
伊藤良高・中谷彪編『子ども家庭福祉のフロンティア』晃洋書房、2008年。
岩城孝次・森嶋昭編『生徒指導の新展開』ミネルヴァ書房、2008年。
上杉賢士『「ルールの教育」を問い直す——子どもの規範意識をどう育てるか——』金子書房、2011年。
上野一彦『LD（学習障害）とディスレクシア（読み書き障害）』講談社、2006年。
内山登紀夫『ふしぎだね LD（学習障害）のおともだち』ミネルヴァ書房、2006年。
ASK（アルコール薬物問題全国市民協会）編『誰にも聞けなかったドラッグの話——「薬物依存症」回復者が答える96の相談メール——』アスク・ヒューマンケア、2010年。
尾木和英・有村久治・嶋﨑政男編『生徒指導提要を理解する実践する』学事出版、2011年。
尾木直樹『バカ親って言うな——モンスターペアレントの謎』角川αone テーマ21、2008年。
小倉由紀子・北川眞理子「家庭での性教育における親の果たすべき役割」『日本助産学会誌』2010年。
小野田正利『悲鳴をあげる学校』旬報社、2006年。
小野田正利『イチャモン研究会 学校と保護者のいい関係づくりへ』ミネルヴァ書房、2009

年。
貝ノ瀬滋『あなたの学校でもできる！　小中一貫コミュニティ・スクールのつくりかた　三鷹市教育長の挑戦』ポプラ社、2010年。
柿沼昌芳・永野恒雄編『校内暴力（戦後教育の検証２）』批評社、1997年。
片山紀子『入門生徒指導』学事出版、2011年。
加納寛子「子どもへのケータイ・ネット指導の進め方」『教育と医学』第60巻10号、2012年。
クリスティーナ，I.（作田学監修、福池厚子訳）『喫煙の心理学──最新の認知行動療法で無理なくやめられる──』産調出版、2007年。
呉市教育委員会『小中一貫教育のマネジメント──呉市の教育改革──』ぎょうせい、2011年。
警察庁「警察庁の統計2011年」2012年。
厚生労働省「ひきこもり対策推進事業実施要領」2012年。
小西行郎『発達障害の子どもを理解する』集英社、2011年。
コルンフーバー，H.H.（亀井民雄・中山杜人・青木佐知子訳）『アルコール──少量飲酒習慣から健康障害が始まる』シュプリンガーフェアラーク東京、2004年。
齋藤環『関係する女　所有する男』講談社（講談社現代新書）、2009年。
サイモン・バロン＝コーエン（水野薫・鳥居深雪・岡田智訳）『自閉症スペクトラム入門』中央法規、2011年。
坂田仰編『法律・判例で考える生徒指導』学事出版、2004年。
坂本光男・浅井潤一郎編『授業をエスケープする生徒との対話』ブックレット［中学生との対話　６］、明治図書、1992年。
佐倉智美『性同一性障害の社会学』現代書館、2006年。
佐藤学『授業を変える　学校が変わる』小学館、2000年。
佐藤有樹・山本卓『薬物依存──恐るべき実態と対応策──』ベストセラーズ、2011年。
産経新聞「じゅくーる」取材班『学校ってなんだろう』新潮社（新潮文庫）、2002年。
粕谷貴志『児童心理・臨時増刊──親と教師の信頼関係づくり──』金子書房、2005年。
嶋﨑政男『学校崩壊と理不尽クレーム』集英社、2008年。
杉山登志郎『講座　子どもの心療科』講談社、2009年。
杉山登志郎・辻井正次監修『発達障害のある子どもができることを伸ばす』（幼児編、学童編）、集英社、2011年。
鈴木健二『飲酒と健康──いま、何を、どう伝えるか──』大修館書店、2007年。
全生研・女子問題研究委員会編著『「女子の問題行動」をどう指導するか』明治図書、1996年。
高橋尚子『性に強い関心をもつ生徒との対話』明治図書、1997年。

竹田契一監修『AD/HD・高機能広汎性発達障害の教育と医療——どこでつまずくのか、どう支援するのか——』日本文化科学社、2007年。
テス・リッジ（渡辺雅男監訳、中村好孝・松田洋介訳）『子どもの貧困と社会的排除』桜井書店、2010年。
内閣府『平成23年版 子ども・若者白書』佐伯印刷株式会社、2011年。
中谷彪・碓井岑夫編『生徒指導のフロンティア』晃洋書房、2007年。
中谷彪・臼井英治・大津尚志編『特別活動のフロンティア』晃洋書房、2008年。
中妻雅彦『スピーチ活動でどの子ものびる』星雲社、2003年。
南部さおり『児童虐待——親子という絆、親子という鎖』教育出版、2011年。
西川信廣・牛瀧文宏『小中一貫（連携）教育の理論と方法』ナカニシヤ出版、2011年。
二宮皓監修『こんなに厳しい！世界の校則』メディアファクトリー（メディアファクトリー新書）、2011年。
日本教育方法学会編『子どもの生活現実にとりくむ教育方法』図書文化、2010年。
日本禁煙学会編『禁煙学』（改訂2版）南山堂、2010年。
発達障害者支援法ガイドブック編集委員会編『発達障害者支援法ガイドブック』河出書房新書、2005年。
浜田寿美男・野田正人『事件のなかの子どもたち「いじめ」を中心に』岩波書店、1995年。
林謙治『青少年の健康リスク——喫煙、飲酒および睡眠障害の全国調査から——』自由企画出版、2008年。
原田正文『学校に行きたくないと言われたとき』農文協、1993年。
広瀬宏之『図解 よくわかるアスペルガー症候群』ナツメ社、2008年。
藤本典裕・制度研編『学校から見える子どもの貧困』大月書店、2009年。
法務省矯正局『現代の少年非行を考える——少年院・少年鑑別所の現場から——』財務省印刷局、1998年。
松本俊彦・今村扶美・小林桜児『薬物・アルコール依存症からの回復支援ワークブック』金剛出版、2011年。
水島広子『焦らなくてもいい！ 拒食症・過食症の正しい治し方と知識』日東書院本社、2009年。
水谷修『夜回り先生 いじめを断つ』日本評論社、2012年。
宮下一博・河野荘子編『生きる力を育む生徒指導』北樹出版、2011年。
無籐隆・嶋野道弘編『新教育課程で充実すべき重点・改善事項』ぎょうせい、2008年。
村田昇『「畏敬の念」の指導 こころ・いのち・体験』明治図書、1993年。
村田昇『道徳教育の本質と実践原理』玉川大学出版部、2011年。
村松賢一『対話能力を育む 話すこと・聞くことの学習——理論と実践——』明治図書、2001年。

村松励『暴力をふるう子 そのメッセージの理解と指導技法』学事出版、2002年。
文部科学省・国立教育政策研究所生徒指導研究センター「キャリア発達にかかわる諸能力の育成に関する調査研究報告書」2011年。
文部科学省・中央教育審議会「今後の学校におけるキャリア教育・職業教育の在り方について（答申）」2011年。
文部科学省「校則見直し状況等の調査結果について」1991年。
文部科学省「生徒指導資料第3集」国立教育政策研究所生徒指導研究センター、2008年。
文部科学省『生徒指導提要』教育図書、2010年。
文部科学省「学校保健統計調査　4．健康状態」2011年。
文部科学省「児童生徒の問題行動等生徒指導上の諸問題に関する調査結果について」2012年。
文部省体育局長通達「集団登下校の実施について」1968年。
山口幸男『司法福祉論』ミネルヴァ書房、2000年。
山本修司『実践に基づく毅然とした指導——荒れた学校を再生するマニュアル——』教育開発研究所、2007年。
吉井奈々・鈴木健之『G.I.D.実際私はどっちなの！？　性同一性障害とセクシュアルマイノリティを社会学！』恒星社厚生閣、2012年。

付録　生徒指導関係略年表

生徒指導関係略年表

年度	制度改正、審議会答申等	通知、通達等	事業関係	社会・学校教育の状況
1946	○日本国憲法公布			
1947	○教育基本法公布 ○学校教育法公布			
1948	○教育委員会法公布			
1949	○文部省設置法公布（初等中等教育局の所掌事務として「生徒指導」が規定される）			
1950	○生活保護法公布 ○地方公務員法公布			【高校進学率43%】
1951	○児童憲章の宣言 ○「学習指導要領一般編」において生徒指導（ガイダンス）が学校教育の重要な任務として取り上げられる			○天野貞祐、「国民実践要項」を発表
1952	○義務教育費国庫負担法公布 ○社会教育審議会（青少年教護分科審）が、青少年不良化防止、校外生活指導を審議			【経済の発展に対応した教育改革】 ○サンフランシスコ講和条約締結
1953	○学校図書館法公布 ○青年学級振興法公布	○文部省、「教育の中立性の維持について」の次官通達		○山口日記事件 ○京都旭丘中学事件起こる
1954	○義務教育諸学校における教育の政治的中立の確保に関する臨時措置法公布 ○学校給食法公布	○「学生生徒及び青少年の覚せい剤使用の防止について」通知（ヒロポンの撲滅　生活指導面での改善が必要）		○覚せい剤第1次乱用期
1955	○女子教育職員の産前産後の休暇における学校教育の正常な実施の確保に関する法律公布	○「夏季休暇中における児童生徒の生活指導について」通知（自主自律の生活態度の育成　校外生活指導の強化）	○生徒指導に関する研修指定校（中・高1校ずつ）を指定	【高校進学率52%、大学・短大進学率10%】 ○高度成長 ○都市人口集中 ○少年の自殺増加
	○地方教育行政の組織	○生活指導の占める		

年				
1956	及び運営に関する法律公布（教育委員会の職務として「生徒指導に関すること」が規定される。生徒指導とは、生徒児童幼児の健康、性格、社会性、公民性及び余暇利用等に関し、教師の行う生活指導、躾をいう）	意義の高まりを踏まえ、「生活指導研究協議会」を開催（3地区で計1,000人　テーマは校外生活、特活における生活指導、純潔教育、生活実態の把握と問題点発見、問題家庭児の指導）※翌1957年も実施		
1957		○文部省、「勤務評定」実施通達 ○「学校における暴力事件の根絶について」通知（体罰禁止）		
1958	○学習指導要領に「道徳」を特設	○「青少年の不良化防止について」通知（凶悪、粗暴および性的犯罪について）		
1959	○国連総会、「子どもの権利宣言」採択	○文部省、初の教育白書『わが国の教育水準』発表		○カミナリ族（暴走族の前身）
1960				【高校進学率58％、大学・短大進学率10％】 ○刃物事件多発 ○所得倍増計画（池田内閣）
1961	○スポーツ振興法公布		○文部省、中学2年・3年全員対象に全国一せい学力調査実施	【高校進学率60％超】
1962	○義務教育諸学校の教科用図書の無償に関する法律公布	○「青少年非行対策について」通知		
1963	○義務教育諸学校の教科用図書の無償措置に関する法律公布	○「青少年非行防止に関する学校と警察との連携の強化について」通知（学校警察連絡協議会の設置）		○生徒による非行増加 ○義務教育教科書無償給与制度
	○生徒指導担当の指導		○生徒指導研究推進	○東京オリンピック

付録　生徒指導関係略年表

1964	主事（充て指導主事）の配置（90人　生徒指導研究推進校における生徒指導の現場に対して指導力を発揮）		校を設置（青少年の不良化が増加したため、生徒の健全育成と非行防止対策として中学校54校、高等学校8校を指定） ○生徒指導主事講座を開催（生徒指導を専門的に担当する教師の養成） ○生徒指導講座を開催（中・高校の教頭を対象に生徒指導の充実強化を図る）	○少年非行の第2のピーク
1965	○中央教育審議会「期待される人間像」の中間草案を発表		○生徒指導資料第1集「生徒指導の手引き」を作成（15万部を中・高に配布）	【高校進学率71％、大学・短大進学率17％】 【都市部への過密と山村地区の過疎】
1966	○中央教育審議会「後期中等教育の拡充整備について」答申		○都道府県生徒指導講座の実施 ○不登校（学校嫌い）調査開始	○家出少年の増加
1967	○教育課程審議会「小学校の教育課程の改善について」答申（「児童活動」「学校行事」「その他の教育活動」から成る「特別活動」を新設）			○国民の中流意識、核家族化の進展 ○シンナー乱用の増加
1968	○教育課程審議会「中学校の教育課程の改善について」答申（「生徒指導」：自主的な生活態度の育成、個性の伸長。学級指導……生徒理解、悩みや不安の解消、生活態度の育成）		○高等学校生徒指導連絡協議会の開催	
1969	○教育課程審議会「高等学校教育課程の改善について」答申 ○定数改善5か年計画により18学級以上の中	○「高等学校における政治的教養と政治的活動について」通知		○学生紛争（東大紛争、安田講堂事件）、高校生の反体制拡大

年				
	学校に生徒指導主事を配置 ○改訂された中学校学習指導要領に「生徒指導の充実」を明記			
1970	○改訂された高等学校学習指導要領に「生徒指導の充実」を明記			【高校進学率82％、大学・短大進学率24％】 ○大阪万博の開催 ○三無主義 ○少年非行低年齢化
1971	○中央教育審議会「今後における学校教育の総合的な拡充整備のための基本的施策について」答申（「46答申」、初等中等教育の問題……量の増大に伴う質の変化への対応、教育内容の精選と個性の伸長、個人の特性に応じた教育） ○沖縄の復帰に伴う特別措置に関する法令公布			【社会的課題の増加と安定成長化の教育の質的改善】 ○性の逸脱行動 ○シンナー乱用 ○少年補導増加
1972		○文部省、学制100年記念式典開催	○日本経済調査協議会「新しい産業社会における人間形成——長期的観点からみた教育のあり方」発表	
1973		○文部省、「公立小中学校の統合について」（Uターン通達）		○石油ショック ○トイレットペーパー買いだめ騒ぎ
1974	○人材確保特別措置法公布	○文部省、「内申書」通達	○田中角栄首相、「5つの大切、10の反省」を提唱	○教員の給与改善 ○遊び型非行の増加 ○暴走族の増加 ○対教師暴力増加
1975	○義務教育諸学校等の女子教育職員及び医療施設、社会福祉施設等の看護婦、保母等の育児休業に関する法律公	○文部省、教務・生活・健康の3部長制を置く方針を発表 ○文相見解「調和のとれた学校運営につ	○カウンセリング技術指導講座の実施	【高校進学率92％、大学・短大進学率38％】 ○登校拒否1万人超

付録　生徒指導関係略年表

年				
	布 ○主任の制度化（中・高校に「生徒指導主事」が省令主任として位置付けられる）	いて」発表		
1976	○教育課程審議会「小学校、中学校及び高等学校の教育課程の基準の改善について」答申（人間性豊かな児童生徒の育成、ゆとりと充実の学校生活を目指す。生徒指導、進路指導に関しては、特別活動と各教科外活動の学級指導及びホームルームの充実）	○文部省、教育白書「我が国の教育水準」をまとめる	○生徒指導主事講座の実施	○初発型非行の増加 ○ロッキード事件（田中角栄前首相ら逮捕される）
1977		○文部省、学習塾調査発表	○警察庁、少年の自殺調査結果を発表	○学習指導要領の改訂（ゆとりと充実：教育内容の精選と授業時数の削減） ○落ちこぼれ問題
1978		○「児童生徒の問題行動の防止について」通知（自殺、生徒間の殺傷事件に対して）	○中・高等学校生徒指導研究推進地域の指定。	○ぐ犯少年増加 ○概算要求ゼロシーリングの開始
1979	○国連提唱の国際児童年 ○養護学校教育義務制実施 ○元号法公布・施行		○総理府、「青少年自殺問題懇話会」初会合 ○青少年問題審議会、「青少年と社会参加」最終意見書具申	○東京の私立高生、祖母を殺し自殺
1980		○「児童生徒の非行防止について」通知（非行の増加傾向の中、非行の低年齢化、暴走族、中学校による校内暴力事件が問題となる　これに対して、①学校教		【高校進学率94％、大学・大進学率37％】 ○校内暴力頻発 ○登校拒否増加 ○家庭内暴力の増加 ○三重県尾鷲中学校校内暴力事件で警官51人出動し、12人補導

年				
		育活動の適正化、②児童生徒理解と一体となった生徒指導、③関係機関との連携を指導)		○川崎市の二浪の予備校生、金属バットで両親を殺害
1981	○国連提唱の国際障害者年 ○社会教育審議会、「青少年の徳性と社会教育」答申 ○放送大学学園法公布	○「生徒の校内暴力等非行の防止について」通知(校内暴力事件についての事例を通知) ○政府、「防衛白書」で愛国心教育を強調	小・中学校生徒指導研究推進地域の指定(小・中連携の推進) ○校内暴力についての手引書の作成(生徒指導資料第17集「生徒の健全育成をめぐる諸問題――校内暴力問題を中心に――」)	
1982	○地域改善対策特別措置法公布 ○日本学校健康会法公布	○「校内暴力等児童生徒の問題行動に対する指導について」通知(生徒指導に取り組むための学校運営上の点検項目を添付)	○「生徒指導推進会議」を開催(中央及び地方で開催 教育委員会、学校、PTA、関係機関等による協議を実施 各関係者の共通理解、地域ぐるみの指導体制の強化を図る)	○登校拒否2万人超 ○生徒間暴力増大 ○横浜浮浪者殺傷事件
1983	○中教審「教科書の在り方について」答申	○「公立の小学校及び中学校における出席停止等の措置について」通知(「問題行動生徒に対する措置に関する検討会議」の意見を踏まえ、問題行動を起こした児童生徒に対する措置の適正な運用を指導)	○登校拒否に関する手引書を作成(生徒指導資料第18集、生徒指導研究資料第12集「生徒の健全育成をめぐる諸問題:登校拒否問題を中心に」) ○教育相談活動推進事業を実施(委嘱相談員による巡回指導)	○町田市の教員による中学生刺傷事件 ○横浜市の中学生等による浮浪者襲撃事件発生 ○少年非行の第3のピーク
1984	○日本育英会法公布 ○臨時教育審議会設置法公布(1984~1987)	○「児童生徒の問題行動に関する指導の充実について」通知(対教師暴力による教師の死亡事件を契機)	○自然教室推進事業を開始(自然環境の中での集団宿泊活動を行う事業に対する補助 児童生徒の問題行動に対処し、長期的な視点に立った	○臨時教育審議会(1984~1987) ○いじめ事件増加 ○登校拒否3万人超 ○第2次覚せい剤乱用期 ○日本の人口、1億

付録　生徒指導関係略年表

				生徒指導を行うもの）	2000万人を突破
1985	○臨時教育審議会「教育改革に関する第一次答申」 ○ユネスコ・学習権宣言（第4回ユネスコ国際成人教育会議）	○児童生徒の問題行動に関する検討会議、「いじめの問題の解決のための緊急アピール」を提言 ○文部省、「児童生徒のいじめの問題に関する指導の充実について」通知 ○「いじめ」の問題に関する臨時教育審議会会長談話を発表 ○文部大臣談話「いじめの問題の根絶について」を発表 ○文部省、「いじめの問題に関する指導の徹底について」通知（いじめの問題に関する指導の状況に関するチェックポイントを添付） ○「いじめの問題に関する指導状況等に関する調査結果について」通知（体罰についても含む） ○関係省庁から成る非行防止対策推進連絡会議「最近における「いじめ」等青少年の問題行動に関し当面とるべき措置について」申し合わせ	○中学校生徒指導総合推進校事業を実施（地域の団体との連携も含めて対応するため、事業内容を拡充）	【高校進学率94％、大学・短大進学率38％】 ○いじめ事件増加 ○水戸市立中2年の女子、同級生のいじめが原因で自殺 ○岐阜県立岐陽高2年男子、教師の体罰でショック死 ○日弁連、「学校生活と子どもの人権」シンポジュウム ○バブル経済
1986	○臨時教育審議会「教育改革に関する第二次答申」（いじめの問題、瑣末主義的管理教育を改め、学校に自由と規律を求める）	○「臨時教育審議会「教育改革に関する第二次答申」について」通知		○岐阜県立岐陽高体罰事件で、同校教諭に懲役3年の実刑判決 ○東京都中野区立中野富士見中2年、いじめを苦に自殺

年				
1987	○臨時教育審議会「教育改革に関する第三次答申」(自然学校の推進) ○臨時教育審議会「教育改革に関する第四次答申」(最終答申)		○夜間電話相談事業を開始	○日弁連、「子どもの人権救済の手引」発表 ○薬物乱用増加 ○JETプログラムの実施
1988		○いじめ、登校拒否問題の深刻な中学校に教員の加配措置を講ずる ○卒業アルバム事件を契機に、都道府県教育委員会中等教育担当課長会議において初等中等教育局長が校則の見直しを求める		○登校拒否4万人超 ○初任者研修制度の創設 ○単位制高等学校の制度化 ○東京都目黒区の男子中学2年生、両親と祖母を殺害 ○リクルート事件
1989	○学校不適応対策調査研究協力者会議を設置(登校拒否、高校中退問題について検討) ○改訂された小学校学習指導要領に「生徒指導の充実」を明記 ○国連総会で、「子どもの権利条約」を全会一致で採択		○学校不適応対策推進事業を開始(協力者会議、学校不適応対策全国連絡協議会、地域ぐるみの対策事業「総合推進事業」) ○生徒指導講座の実施(カウンセリング技術指導講座と生徒指導主事講座を統合)	【高校進学率95%、大学・短大進学率36%】 ○学習指導要領の改訂(新しい学力観)
1990	○中教審、「生涯学習の基盤整備について」答申 ○生涯学習の振興のための施策の推進体制等の整備に関する法律公布	○文部省、89年度高校中退者12万3000人と発表(調査史上最多) ○学校不適応対策調査研究協力者会議「登校拒否問題について」中間まとめを公表	○登校拒否児の適応指導教室事業を開始 ○校則の見直し状況についての調査を実施(神戸高塚高校女子生徒死亡事件を契機に、全日本中学校長会及び全国高等学校長協会に委託)	○福島地裁いわき支部、いじめを苦に自殺した中学3年の事件で、いわき市に1100万円の損害賠償を命じる判決 ○ダイヤルQ2問題 ○残虐ビデオ等問題
1991	○地方公務員の育児休業等に関する法律公布 ○中教審「新しい時代	○校則見直し状況調査結果(中・高校長会委託)を各県に送	○校則見直し状況調査結果を公表(中・高校長会委託)	○高校生の非行増加 ○バブル経済の崩壊

付録　生徒指導関係略年表

	に対応する教育の諸制度の改革について」答申発表	付し、引き続いて見直しを行うよう指導（通知発表）		
1992	○生涯学習審議会「今後の社会の動向に対応した生涯学習の振興方策について」答申	○学校不適応対策調査研究協力者会議「登校拒否（不登校）問題について」報告 ○学校不適応対策調査研究協力者会議「高等学校中途退学問題について」報告 ○文部省、92年度の生徒指導に関する調査結果をまとめる（いじめ増加傾向） ○「登校拒否問題への対応について」通知	○「登校拒否（不登校）問題について」の報告書を各県に送付 ○総務庁、子ども人口調査：4月1日現在の15歳未満人口は、昨年より57万人減少し、2164万人。総人口に占める率は17.4％ ○学校週5日制出発（毎月1回、第2土曜日）	○国家公務員の完全週休2日制実施 ○登校拒否7万人超
1993		○「高等学校中途退学問題への対応について」通知	○子ども人口過去最低の16.9％ ○合計特殊出生率推計値、1.46	【高校進学率96％、大学・短大進学率41％】 ○山形県新庄市立中学校生徒、マット死事件（同校生徒4人逮捕、4人補導）
1994	○国際家族年 ○児童（子ども）の権利条約批准 ○文部省いじめ対策緊急会議、「すべての学校で総点検を」の緊急アピール発表	○「いじめの問題について当面緊急に対応すべき点について」通知 ○文部省、新年度から公立校の第2、第4土曜日休校の5日制実施決定 ○文部省・厚生省・労働省・建設省4省合意「今後の子育て支援のための施策の基本的方向について」（エンゼルプラン）発表	○文部省、10年ぶりに小学校で学力テスト実施 ○文部省、全小中学校及び教委を対象とした道徳教育推進状況調査結果を公表	○総合学科の新設 ○いじめによる自殺事・自殺増加 ○西尾市立東部中2年の大河内清輝君、悪質ないじめを苦に自宅で自殺 ○岡山地方法務局、総社市の中学生菅野明雄君自殺事件で、学校に対し「いじめへの対応が不十分」と説示
	○国連人権教育の10年スタート	○文部省いじめ対策緊急会議、「いじめの問題の解決のために当面取るべき方策	○学校週5日制（第2、第4土曜日）開始 ○スクールカウンセ	○登校拒否8万人超 ○阪神淡路大震災（死者約6400人、負傷者約4万1500人）

年				
1995		について」報告（出席停止措置など提言） ○文部省「いじめの問題への取組の徹底等について」通知	ラーの配置の開始（2000年度までは調査研究事業、2001年度から補助事業化）	
1996	○中教審「21世紀を展望した我が国の教育の在り方について」答申（第一次答申、「生きる力」と「ゆとり」セット） ○人権擁護施策推進法公布	○児童生徒の問題行動等に関する調査研究協力者会議「いじめの問題に関する総合的な取組について」 ○「いじめの問題に関する総合的な取組について」通知	いじめ問題等対策研修講座の実施	○岡山県邑久町立小学校でO157集団中毒、その後全国に拡大
1997	○アイヌ文化の振興並びにアイヌの伝統等に関する知識の普及及び啓発に関する法律公布 ○臓器移植法公布 ○中教審「21世紀を展望した我が国の教育の在り方について」答申（第二次答申、能力・個性に応じた教育等）	○文相「教育改革プログラム」を首相に提出（以後、毎年改訂）	○中学校卒業程度認定試験の受験資格の弾力化（学校教育法施行規則の改正）	○不登校児童生徒10万人超 ○神戸小学生連続殺傷事件で中3生徒逮捕（酒鬼薔薇事件） ○第3次覚せい剤乱用期
1998	○中央省庁等改革基本法公布 ○中教審「幼児期からの心の教育の在り方について」答申 ○中教審「今後の地方教育行政の在り方について」答申 ○文部大臣の緊急アピール（ナイフを持ち込まない）	○「学校の『抱え込み』から開かれた『連携』へ」 ○「児童生徒の問題行動への対応のための校内体制の整備等について」通知	○「心の教室相談員」の配置の開始 ○いじめ・不登校等研修講座の実施	【高校進学率97％、大学・短大進学率48％】 ○中等教育学校の制度化 ○黒磯市黒磯北中学校で、1年生男子が女性教諭をバタフライナイフで殺害 ○兵庫県・川西市で「子どもの人権オンブズパーソン条例」を制定
1999	○文部科学省設置法公布 ○国旗及び国歌に関する法律公布 ○中教審「初等中等教育と高等教育との接続	○大蔵・文部・厚生・労働・建設・自治6大臣合意「重点的に推進すべき少子化対策の具体的実施計画について」（新	○「不登校児童生徒の適応指導総合調査研究委託：スクーリング・サポート・プログラム（SSP）」開始	○広島県立世羅高等学校長、卒業式での日の丸・君が代問題に悩み自殺 ○学習指導要領の改訂（「生きる力」の育成）

付録　生徒指導関係略年表

	の改善について」答申	エンゼルプラン）	○「生徒指導総合研修講座」開始	○大学３年からの大学院入学 ○家庭教育手帳の作成・配布 ○学級崩壊の論議 ○不登校児童生徒13万人超
2000	○教育改革国民会議発足 ○児童虐待の防止等に関する法律公布 ○未成年者喫煙禁止法及び未成年者飲酒禁止法の一部を改正する法律公布 ○少年法等の一部を改正する法律公布（刑事処分可能年齢の14歳以上への引下げ等） ○人権教育及び人権啓発の推進に関する法律公布	○「最近の少年による事件に関する文部省プロジェクトチーム」検討のまとめ ○教育改革国民会議、首相に「報告」を提出（教育を変える17の提案）	○「生徒指導総合連携推進事業」開始	○学校評議員制度の導入 ○校長の任用資格の改正 ○17歳の少年、高速バス乗っ取り事件を起こす ○携帯電話の普及 ○企業等の倒産の多発
2001	○文部科学省スタート ○未成年者喫煙禁止法及び未成年者飲酒禁止法の一部を改正する法律公布	○「少年の問題行動等への対応のための総合的な取組の推進について」通知 ○「出席停止制度の運用のあり方について」通知 ○文科省、「21世紀教育新生プラン」発表		○ひきこもり問題 ○安全確保・管理の問題（今後の学校の安全管理の在り方に関する省内検討会議） ○池田小学校児童殺害事件（子ども８人死亡、子ども13人と教員２人が負傷） ○児童虐待の増加
2002	○中教審「青少年の奉仕活動・体験活動の推進方策等について」答申	○文科省、「確かな学力の向上のための02アピール『学びのすすめ』」発表 ○小中学生用道徳教育副教材「心のノート」作成・配布を都道府県教育長に依頼 ○「学校における国旗及び国歌に関する指導について」通知	○「サポートチーム等地域支援システムづくり推進事業」開始 ○「豊かな体験活動推進事業」開始 ○公立小・中・高等学校等で完全学校週５日制がスタート	○出会い系サイトなど新たな問題 ○小・中学校で、1998年版学習指導要領の実施

年					
2003	○中教審「新しい時代にふさわしい教育基本法と教育振興基本計画の在り方について」答申 ○国立大学法人法公布 ○少子化社会対策基本法公布 ○中教審「今後の初等中等教育改革の推進方策について」答申	○不登校問題に関する調査研究協力者会議、「今後の不登校への対応の在り方について」（報告書） ○「児童生徒の問題行動等への対応の在り方に関する点検について」通知 ○「不登校への対応のあり方について」通知	○スクーリング・サポート・ネットワーク整備事業（SSN）開始	【高校進学率97％、大学・短大進学率49％】 ○青少年育成施策大綱 ○「犯罪に強い社会の実現のための行動計画」 ○薬物乱用防止新五カ年計画 ○長崎市で12歳の少年が幼児を駐車場屋上から突き落として殺害 ○出会い系サイト規制法公布 ○大阪教育大学附属池田小学校児童殺傷事件大阪地裁判決（死刑判決）
2004	○国連・子どもの権利委員会、日本政府に対し、差別やいじめをなくすための一層の改善措置を求める勧告 ○OECD、15歳対象の国際学習到達度調査結果（PISA）を公表（日本の子どもの学力低下が明らかになる） ○児童虐待の防止法の一部改正 ○発達障害者支援法公布	○「学校と関係機関等との行動連携を一層推進するために」（学校と関係機関との行動連携に関する研究会報告書） ○「児童生徒の問題行動対策重点プログラム」策定	○「子どもと親の相談員の配置」開始 ○「生徒指導上の諸課題に対する指導者の養成を目的とした研修」及び「体験活動の円滑な実施を促進するための指導者の要請を目的とした研修」の開始	○大阪府岸和田事件（児童虐待） ○長崎県佐世保市の小6少女、小学校で同級生に殺害される事件 ○高知県こども条例公布（都道府県で初）
2005	○児童の売買、児童買春及び児童ポルノに関する児童の権利に関する条約の選択議定書公布 ○中央教育審議会「子どもを取り巻く環境の変化を踏まえた今後の幼児教育の在り方について──子どもの最善の利益のために幼児教育を考える──」答申			○日本国際博覧会（愛知万博）開幕 ○尼崎市でJR西日本福知山線脱線事故（死者107人、負傷者500人以上） ○山形マット死事件最高裁（三小）判決（上告棄却・上告不受理）

付録　生徒指導関係略年表

	○中央教育審議会「新しい時代の義務教育を創造する」答申 ○障害者自立支援法公布			
2006	○就学前の子どもに関する教育、保育等の総合的な提供の推進に関する法律公布（認定こども園の設置など） ○教育基本法成立・公布（1947年の教育基本法を全部改正）	○文科省「いじめの問題への取組の徹底について」通知 ○文部科学大臣「文部科学大臣からのお願い　未来ある君たちへ」発表	○教育再生会議有識者委員一同、「いじめ問題への緊急提言──教育関係者、国民に向けて──」発表	○埼玉県ふじみ野市の市営プールで、児童が排水口に吸い込まれて死亡 ○福岡県筑前町の中学校で、中学2年生の男子生徒がいじめを苦に自殺。元担任がいじめに加わっていたことで社会問題になる
2007	○教育再生会議第1次報告「社会総がかりで教育再生を──公教育再生への第一歩──」発表 ○中央教育審議会「次代を担う自立した青少年の育成に向けて──青少年の意欲を高め、心と体の相伴った成長を促す方策について──」答申 ○OECD、06年実施の第3回国際学習到達度調査（PISA）の結果を発表	○文科省「問題行動を起こす児童生徒に対する指導について」（「学校教育法第11条に規定する児童生徒の懲戒・体罰に関する考え方」）通知（48・12・23法務庁回答の事実上の改正） ○文科省、06年度小中高での「いじめ」件数が定義変更で前年度の6倍（約12万5000件）に達すると発表	○文科省、初の学校給食費徴収状況全国調査結果発表（約10万人未払い） ○文科省、43年ぶりに全国学力テスト実施（小6と中3の約233万人が対象） ○少子化社会対策会議『子どもと家族を応援する日本』重点戦略」決定	○消えた年金記録問題起こる ○新潟県中越沖地震（M6.8） ○警察庁、06年度全国の自殺者は9年連続3万人以上と発表 ○兵庫県小野市で「いじめ等防止条例」策定
2008	○中央教育審議会「子どもの心身の健康を守り、安全・安心を確保するために学校全体としての取組を進めるための方策について」答申 ○青少年が安全に安心してインターネットを利用できる環境の整備等に関する法律公布	○文科省「学校の危機管理マニュアル──子どもを犯罪から守るために──」作成		○文科省「幼稚園教育要領」（09・4施行）、「小学校学習指導要領」（11・4施行）、「中学校学習指導要領」（12・4施行）公示 ○厚生労働省「保育所保育指針」公示（09・4施行） ○東京・秋葉原の無差別殺傷事件

年				
2009	○子ども・若者育成支援推進法公布	○文科省「学校における携帯電話の取り扱い等について」通知（児童生徒による小中学校への携帯電話の持ち込みを原則禁止） ○文科省・厚生労働省・警察庁「薬物のない学生生活のために——薬物の危険は意外なほど身近に迫っています——」作成	○文科省、全国学力テスト実施 ○川端達夫文科相、全国学力テストを「抽出方式」とすると表明	○最高裁、天草市の小学校で、子どもの胸元をつかんだりした教師の行為を「教育的指導」と認める初の判決 ○文科省「高等学校学習指導要領」(13・4学年進行で施行)、「特別支援学校学習指導要領」公示 ○民主党・社民党・国民新党の連立政権成立する
2010	○公立高等学校に係る授業料の不徴収及び高等学校等就学支援金の支給に関する法律公布 ○国連・子どもの権利委員会、日本政府第3回報告に対し、過度な競争を避けるため「学校制度及び学力に関するしくみの再検討」を勧告 ○OECD、09年実施の国際学習到達度調査（PISA）の結果を発表（日本は読解力8位、科学5位、数学9位）	○文科省「児童虐待防止に向けた学校等における適切な対応の徹底について」通知 ○閣議決定「子ども・子育てビジョン」 ○文科省『生徒指導提要』発表	○子ども・若者育成支援推進本部「子ども・若者ビジョン」決定 ○子ども手当支給開始（中学生までの子どもに月1万3000円）	○東京・清瀬市の中2女子、いじめを示唆する遺書を残して自殺 ○群馬・桐生市の小6女子、いじめを苦に自殺
2011	○国民生活等の混乱を回避するための平成22年度における子ども手当の支給に関する法律の一部を改正する法律公布（現行子ども手当を当面半年延長） ○スポーツ基本法公布（スポーツ振興法の全部改正）	○文科省「暴力行為のない学校づくりについて（報告書）」公表	○文科省、東日本大震災の被害を受けて延期していた全国学力・学習状況調査の中止を通知	○東日本大震災発生（3・11）、死者・行方不明者は約2万人 ○東京電力福島第1原発でメルトダウン（炉心溶融）発生 ○滋賀県・大津市で、中2男子がいじめを苦に自殺
	○中央教育審議会「学校安全の推進に関する	○文科省「学校防災マニュアル（地震・	○少子化社会対策会議「子ども・子育て	○兵庫県・川西市でいじめを受けた男子高校

年				
2012	計画の策定について」答申 ○子ども・子育て支援法公布 ○就学前の子どもに関する教育、保育等の総合的な提供の推進に関する法律の一部を改正する法律公布 ○子ども・子育て支援法及び就学前の子どもに関する保育、教育等の総合的な提供の推進に関する法律の一部を改正する法律の施行に伴う関係法律の整備等に関する法律公布	津波災害）作成の手引き」発表	新システムの基本制度について」決定 ○子ども手当、児童手当に名称変更 ○厚生労働省、09年に大学を卒業して就職した43万人のうち、28.8%にあたる12万人が3年以内に離職と公表	生が自殺 ○岐阜県可児市で「子どものいじめの防止に関する条例」制定

出典：文部科学省・初等中等教育局児童生徒課「生徒指導関係略年表」、浪本勝年ほか編『2012年版 ハンディ教育六法』（北樹出版）、中谷彪・伊藤良高編『改訂版 歴史の中の教育〈教育史年表〉』（教育開発研究所、2013年刊行予定）を参考にしながら編者が作成した（作成協力・香﨑智郁代）。

索　　引

〈ア　行〉

ICD-10　137
アスペルガー症候群　139
アセスメント　58
家出　71
異質な他者　18
いじめ　22
いじめする子　67
異性との交遊　123
一般社会の縮図　92
いのちの教育　73
居場所　40, 101
インターネット　114
ウェクスラー式知能検査　141
AD/HD　21, 133, 137
エコロジカルな視点　23
エンパワメント　35
小川太郎　8

〈カ　行〉

ガイダンス理論　6
快の感情　25
開発的生徒指導　57
カウンセラー　57
カウンセリング技法　24
カウンセリングマインド　58
下級生を脅す子　93
画一性と個の尊重　48
学習指導要領　41
学習習慣　40
学習障害　140
覚せい剤取締法　119
覚せい剤乱用　119
カツアゲ　93
学級経営　31
学校運営　31
学校管理委員会　16
学校支援地域本部事業　16
学校教育法施行規則　51, 61

学校教育法第37条第11項　11
学校教育目標　50
学校生活に適応できない児童生徒　116
学校の自主性・自律性の確立　30
学校の組織力　31
学校保健安全法　112
活動的市民　18
家庭内暴力　79
毅然とした対応　23
帰属意識　22
規範意識　39, 96
器物破損　111
基本的生活習慣　21
キャリア教育　80
教育を受ける権利　62
教育委員会　51
教育課程　10
教育基本法　10
教育指導　11
教育振興基本計画　30
教科外教育　7
教材研究　40
教職生活の全体を通じた教員の資質能力の総合的な向上方策について　30
クラス　92
クレプトマニア　136
訓育　5
ケース会議　58
けんか　99
公共の場　15
公衆道徳　96
公序良俗　122
校則　15
校長のリーダーシップ　35
行動力　14
校内研修　54
校務分掌　50
心の専門家　58
個人の尊重　49
個性の伸長　10

子ども・子育て関連3法　33
子どもの最善の利益　20
子どもの万引き　135
コミュニケーション　24
今後の地方教育行政の在り方について　30
今後の特別支援教育の在り方について（最終報告）　139
コンサルテーション　58

〈サ　行〉

自我同一性　24
私語　76
自己研鑽　34
自己効力感　57
自己実現　10, 20, 39
自己指導能力　20, 106
自己選択や自己決定　48
自己存在感　39, 45
自己中心的　48
自己否定　48
自己批判的傾向　82
自己有用感　39, 45, 57
自己抑制　48
自己理解　21
自傷行為　129
自尊感情　22, 39, 57
失敗を繰り返す児童生徒　115
シティズンシップ　14
　　──教育　14
児童虐待の防止等に関する法律　70
児童福祉法　68
児童養護施設　72
自分理解　48
市民性　16
　　──教育　14
社会的な資質　14
社会的なリテラシー　14
社会力　18
自由研究　6
授業妨害　125
主体的な学習態度　40
出席停止　125
小1プロブレム　87
少年司法　112

少年法　68
情報モラル教育　114
人格の完成　10, 15
スクールカウンセラー　32, 51
　　──等活用事業　58
スクールソーシャルワーカー　32
スクールマネジメント論　30
生活環境　59
生活指導　7
生活綴り方教育　5
性感染症　124
性同一性障害　131
性同一性障害の児童生徒の心情に配慮した対応　132
性同一性障害の性別の取扱いの特例に関する法律　132
生徒指導　9
　　──主事　51
　　──体制　32
　　──における評価　53
　　──年間計画　52
　　──の手引き（改定版）　9
　　──目標　50
生徒指導提要　3, 14, 20, 30, 56
生命に対する畏敬の念　73
摂食障害　82
ゼロ・トレランス　16, 23
全体の尊重　49
先輩からの圧力　103
先輩との関係　102
早期発見・早期予防　70
総合的な学習　42
相対的貧困率　85
組織性　34
ソーシャルワーク技法　24

〈タ　行〉

対教師暴力　128
他校生とのつながり・トラブルを抱える生徒　100
他者軽視　48
他者との交流　105
他者否定　48
他者理解　48

男女交際　107
男女の理解と協力　109
地域社会の多様性　17
遅刻や欠席をする子　127
地方コミュニティ　18
注意欠陥多動性障害　→AD/HD
中1ギャップ　91
中学校高等学校の生徒指導の手引き　9
懲戒　61
懲戒処分　15
DSM-Ⅳ　137
適応指導教室　91
登下校の指導　109
道徳　7
　　──教育　41
　　──心の芽生え　21
　　──性　41
陶冶　5
特別活動　43

〈ナ　行〉

認定こども園　33

〈ハ　行〉

発達障害　21, 133
発達障害者支援法　133
早寝早起き朝ごはん　127
犯罪　56
ひきこもり　78
非行防止ネットワーク　95
非正規雇用　81
表面的な沈静　68
貧困　84
部活動優先の生活をする生徒　106
服装、頭髪　120
不審者の被害　110
不登校　74

部分社会論　61
不平不満　98
プラスの言葉　78
プランニング　58
ヘルバルト　5
保・幼・小連携　88
保育所保育指針　34, 45
保育マネジメント　32
暴言を吐く児童生徒　97
暴力がもたらす悲劇　100
保健室登校　75, 112
保護者とのかかわり　85
ホームルーム経営　31
ボランティア　51

〈マ　行〉

マナー向上　122
学びの共同体　29
未成年者飲酒禁止法　117
未成年者喫煙禁止法　118
未成年者の飲酒　117
未成年者の喫煙　118
未然防止教育　123
モンスター・ペアレント　85

〈ヤ　行〉

山びこ学校　7
有能感　22
養育態度　59
幼稚園教育要領　45
予防的生徒指導　57

〈ラ　行〉

ライフスタイル　59
リストカット　130
倫理観　39
連帯意識　44

《執筆者紹介》（執筆順、＊は編者）

＊中谷　　彪（なかたに　かおる）	奥付参照	…………	第1章
＊大津　尚志（おおつ　たかし）	奥付参照	…………	第2章
＊永野　典詞（ながの　てんじ）	奥付参照	…………	第3章
＊伊藤　良高（いとう　よしたか）	奥付参照	…………	第4章
門谷　真希（もんたに　まき）	白鳳女子短期大学准教授	…………	第5章
＊冨田　晴生（とみた　はるお）	奥付参照	…………	第6章、第8章3、17〜23
塩野谷　斉（しおのや　ひとし）	鳥取大学教授	…………	第7章第1節、第2節
荒井英治郎（あらい　えいじろう）	信州大学准教授	…………	第7章第3節、第8章11
橋本　一雄（はしもと　かずお）	中村学園大学短期大学部講師	…………	第7章第4節
伊藤　三平（いとう　さんぺい）	芦屋学園短期大学非常勤講師、元小学校長	…………	第8章1、15
若宮　邦彦（わかみや　くにひこ）	南九州大学講師	…………	第8章2
桐原　　誠（きりはら　まこと）	湯出光明童児園児童指導員、中九州短期大学非常勤講師	……	第8章4
冨江　英俊（とみえ　ひでとし）	関西学院大学准教授	…………	第8章5、37
田中　照夫（たなか　てるお）	大阪教育大学附属高等学校池田校舎元副校長、元武庫川女子大学非常勤講師	…………	第8章6、34
丹松美恵子（たんまつ　みえこ）	池田市立北豊島中学校教諭、武庫川女子大学非常勤講師 …………		第8章7、24
筒井由美子（つつい　ゆみこ）	武庫川女子大学非常勤講師、元小学校長 …………		第8章8、13、16
冨田　福代（とみた　ふくよ）	大阪教育大学教授	…………	第8章9
池上　　徹（いけがみ　とおる）	関西福祉科学大学准教授	…………	第8章10、40
柴田　賢一（しばた　けんいち）	中九州短期大学講師	…………	第8章12
丹松美代志（たんまつ　みよし）	池田市教育委員会教育課題研究推進員、大阪教育大学非常勤講師 …………		第8章14、29
我那覇繁子（がなは　しげこ）	大阪府立高津高等学校教諭	…………	第8章25、27、33、39
加藤　誠之（かとう　まさゆき）	高知大学准教授	…………	第8章26、30〜32
香﨑智郁代（こうざき　ちかよ）	熊本学園大学大学院院生、西日本教育医療専門学校非常勤講師 …………		第8章28
宮﨑由紀子（みやざき　ゆきこ）	西日本教育医療専門学校講師	…………	第8章35
木下邦太朗（きのした　くにたろう）	帝京短期大学教授	…………	第8章36、38
伊藤美佳子（いとう　みかこ）	桜山保育園園長、熊本学園大学非常勤講師	…………	第8章41
出口　正次（でぐち　まさつぐ）	大手前栄養学院専門学校非常勤講師	…………	第8章42
中谷　　謙（なかたに　けん）	姫路獨協大学准教授	…………	第8章43
阪木　啓二（さかき　けいじ）	精華女子短期大学准教授	…………	第8章44、45

《編者略歴》

伊藤良高（いとう　よしたか）
1985年　名古屋大学大学院教育学研究科博士課程単位取得退学
現　在　熊本学園大学社会福祉学部教授、桜山保育園理事長、博士（教育学）
著　書　『新時代の幼児教育と幼稚園』（晃洋書房、2009）
　　　　『保育制度改革と保育施設経営』（風間書房、2011）
　　　　『子どもの幸せと親の幸せ』（共著、晃洋書房、2012）、他

大津尚志（おおつ　たかし）
1999年　東京大学大学院教育学研究科博士課程単位取得退学
現　在　武庫川女子大学文学部教育学科講師、修士（教育学）
著　書　『ヨーロッパにおける市民的社会性教育の発展』（共著、東信堂、2007）
　　　　『フランス教育の伝統と革新』（共著、大学教育出版、2009）
　　　　『教育課程論のフロンティア』（共編著、晃洋書房、2010）、他

中谷彪（なかたに　かおる）
1972年　東京大学大学院教育学研究科博士課程単位取得退学
現　在　森ノ宮医療大学保健医療学部教授、大阪教育大学名誉教授、博士（文学）
著訳書　『アメリカ教育行政学』（渓水社、1998）
　　　　『1930年代アメリカ教育行政学研究』（晃洋書房、2005）
　　　　『塩尻公明』（大学教育出版、2012）、他

永野典詞（ながの　てんじ）
2012年　熊本学園大学大学院社会福祉学研究科博士課程修了
現　在　中九州短期大学幼児保育学科准教授、学科長、博士（社会福祉学）
著　書　『保育ソーシャルワークのフロンティア』（共編著、晃洋書房、2011）
　　　　『子ども・若者政策のフロンティア』（共編著、晃洋書房、2012）
　　　　『社会福祉の成立と課題』（共著、勁草書房、2012）、他

冨田晴生（とみた　はるお）
2011年　関西大学大学院文学研究科修士課程修了、修士（文学）
現　在　大阪府豊中市立中学校校長、森ノ宮医療大学非常勤講師
著　書　『講座　総合的学習のカリキュラムデザイン（1）』（共著、明治図書、2002）
　　　　『生徒指導のフロンティア』（共著、晃洋書房、2007）
　　　　『特別活動のフロンティア』（共著、晃洋書房、2008）、他

新版
生徒指導のフロンティア

2007年5月10日　初版第1刷発行　　＊定価はカバーに
2010年4月15日　初版第3刷発行　　　表示してあります
2013年4月10日　新版第1刷発行

編者の了解により検印省略	編　者	伊藤　良高 大津　尚志 中谷　　彪ⓒ 永野　典詞 冨田　晴生
	発行者	上田　芳樹

発行所　株式会社　晃洋書房

〒615-0026　京都市右京区西院北矢掛町7番地
電話　075（312）0788番代
振替口座　01040-6-32280

印刷・製本　西濃印刷㈱

ISBN978-4-7710-2436-6

教育フロンティア研究会 編 **2013年版　ポケット教育小六法**	新書判　332頁 定価 1,365円
伊藤良高・中谷彪 編 **教育と教師のフロンティア**	Ａ５判　158頁 定価 1,785円
伊藤良高・中谷彪 編 **子ども家庭福祉のフロンティア**	Ａ５判　120頁 定価 1,365円
伊藤良高・永野典詞・大津尚志・中谷彪 編 **子ども・若者政策のフロンティア**	Ａ５判　126頁 定価 1,365円
中谷彪・臼井英治・大津尚志 編 **特別活動のフロンティア**	Ａ５判　152頁 定価 1,575円
中谷　彪 編 **子どもの教育と親・教師**	四六判　116頁 定価 1,050円
秋山弥・作田良三 編著 **子 ど も の 現 在（いま）**	Ａ５判　174頁 定価 1,995円
中谷彪・小林靖子・野口祐子 著 **西 洋 教 育 思 想 小 史**	四六判　98頁 定価 1,050円
川村覚昭 編著 **教　育　の　根　源**	Ａ５判　270頁 定価 3,045円
望月昭・中村正・サトウタツヤ 編著 **「対人援助学」キーワード集**	Ａ５判　254頁 定価 2,310円
佐野安仁・荒木紀幸 編著 **第3版　道 徳 教 育 の 視 点**	Ａ５判　258頁 定価 2,625円

――――――――――　晃 洋 書 房　――――――――――